청소년들의 진로와 직업 탐색을 위한
잡프러포즈 시리즈 49

우주궤도를 선점하는 글로벌 리더
인공위성개발자

청소년들의 진로와 직업 탐색을 위한
잡프러포즈 시리즈 49

김명길 지음

우주궤도를 선점하는 글로벌 리더

인공위성 개발자

TALK SHOW

사생취의捨生取義

'목숨을 버리고 의를 좇는다'는 뜻으로,
목숨을 버리더라도 옳은 일을 함

이 광대한 우주, 그리고 무한한 시간,
이 속에서 같은 행성,
같은 시대를 함께한 여러분과
찰나를 공유할 수 있어서 기뻤다.

- 칼 세이건, Carl Sagon -

C·O·N·T·E·N·T·S

C·O·N·T·E·N·T·S

미래에서 계속가

기후가 바뀌면

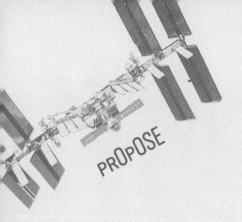

청소년 여러분 안녕하세요?
인공위성개발자 김명길입니다.

부모님에게 이끌려서 또는 아무런 꿈도 없이 입시에 내몰리는 청소년들을 보면 안타까운 마음이 들 때가 많습니다. 그런 생각을 해 온 제가 저의 직업을 통해 여러분을 만나게 되어 너무 감사한 마음입니다. 직업을 소개한다는 건 대단한 자부심이 있어야 한다고 생각해요. 저 또한 강한 자부심을 갖고 여러분에게 저의 직업을 프러포즈합니다.

직업에는 귀천이 없습니다. 이 세상에 필요하지 않은 직업은 단 한 가지도 없으니까요. 직업의 세계는 무한하지만 특히 인공위성개발자는 참 매력적인 '공학도의 길'인 것 같습니다. 물론 개인의 재능만으로 할 수 있는 일은 아니지만 국력과 직결되어 있기 때문에 국가 주도하에 기술발전을 위한 지속적인 투자를 해야 하는 일이 바로 인공위성 사업입니다. 중요한 만큼 명예도 뒤따르는 직업입니다.

성적이 좋은 친구들 중에는 사회적인 분위기 때문에 무조건 의대에 진학해야 한다고 생각하는 학생들도 있을 거예요. '우주공학을 전공하고 싶다고 말하면 부모님이 어떻게 생각할까?'라고 고민이 될 수도 있겠죠. 하지만 이제 우주 시대가 열립니다. 각국은 우주궤도를 선점하기 위해 인공위성을 매일 쏘아 올리고 있습니다.

미래의 여러분이 살아갈 시대는 우주 시대입니다.

우주와 지구에 대해 호기심이 많은 청소년 여러분, 인공위성개발자라는 직업을 통해 빠른 속도로 다가올 미래 시대의 주인공이 될 수 있습니다.

여러분들이 어떤 세상을 꿈꾸고 있는지 명확하게 그려보면서 한발한발 내딛다 보면 어느덧 정상에 올라서 세계라는 시야를 확보할 수 있을 것입니다.

지금이라도 꿈을 정해 나아가세요.

김명길 인공위성개발자가 여러분을 응원하겠습니다.

파이팅!

첫 인사

편 - 토크쇼 편집자

글 - 인공위성개발자 - 김

글 인공위성개발자 유민

📧 김명길 대표님 안녕하세요? 잡프러포즈 시리즈에 함께해 주셔서 감사합니다.

🧑 직업을 소개할 수 있는 기회를 주셔서 감사드립니다. 특히 청소년 여러분이 독자라고 하니까 너무 좋습니다. 미래 세상을 이끌어갈 학생들에게 이 직업을 소개하는 건 우주산업 분야에도 좋은 기회가 될 것 같습니다. 어릴 때의 꿈은 변하지만 이 책을 통해서 단 한 사람이라도 우주에 대한 꿈을 키우게 된다면 더 바랄 것이 없습니다. 미국은 단순히 돈을 벌기 위해 우주산업에 투자하고 있는 게 아닙니다. 오랫동안 우주에 대한 꿈을 꾸었고, 그 바탕 위에서 결국 그 꿈을 실현하는 공룡 기업들과 CEO들이 탄생한 거예요. 여러분도 우주에 대한 꿈을 꾸고 갈망하다 보면 언젠가는 우리나라에도 그 꿈을 실현하는 훌륭한 거대 기업들이 탄생할 겁니다. 그런 세상이 오기를 바랍니다.

📧 처음에 출간 제안을 받으셨을 때 어떤 생각을 하셨는지 궁금합니다.

🧑 원래 독서를 좋아해서 책을 가까이에 둡니다. 그런데 집필의 기회가 생기고 보니 많은 고민을 하게 되었어요. 처음 해보는 거니까요. 인공위성 전공 서적을 써보고 싶어서 조금씩 작업하고 있었

는데 이 책은 청소년을 대상으로 하니까 어떻게 쉽게 전달할까 고민했어요. 석사, 박사 학위논문은 숫자와 수식으로 써 내려가니까 쉬웠는데, 제 생각과 정보를 쉬운 글과 말로 표현하는 것도 걱정되었습니다. 그리고 현업에 종사하는 뛰어난 연구원들이 많기 때문에 제가 이 책을 저술하기에 부족하지는 않을까 생각도 했습니다. 그런데 제가 연구 개발했던 분야는 위성 시스템을 총괄하는 업무여서 모든 하위 시스템을 어느 정도 알고 있어야 해요. 그런 업무 특성이 인공위성 개론을 청소년들에게 전달하기 쉬울 거라는 확신이 들었어요. 그리고 지인분이 정말 잘했다고 축하해 주셔서 힘이 되었어요.

편 청소년들이 인공위성에 대해 알게 되면 어떤 게 좋을까요?

김 인공위성은 최첨단 기술이에요. 모든 공학 이론이 다 투입되는 집합체입니다. 역사적으로는 약 50여 년의 세월을 가지고 있지만 이제 인공위성은 우리 생활에서 빠질 수 없는 중요한 요소입니다. GPS 데이터를 이용한 자동차 내비게이션, 핸드폰 위치 추적, 날씨 예보와 구름 사진, 대기 움직임, 미세먼지의 양, 산불 경로, 탄소 배출량 등 상당히 많은 자료를 인공위성을 통해서 얻고 있어요. 그래서 청소년들이 인공위성에 대해 알게 되면 미래 첨단산업이 어느 방향으로 갈지 알 수 있다고 생각해요. 최근에는 '양자 통신'을 위해 인공위성으로 시험하는 사례가 늘고 있고, 많은 양의 데이터를 사람이 분석하는 것이 아니라 AI를 이용해 이미지 분석을 하는 등 첨단 기술을 실감할 수 있습니다.

편 사실 인공위성이라고 하면 공대 대학원 석박사까지 나와야 이해를 할 수 있는 어려운 영역이라는 생각이 들어서 위축되기도 합니다. 수학과 과학에 흥미가 덜한 제가 인공위성과 친해질 수 있을까요?

김 저도 그 부분이 제일 신경 쓰이긴 해요. 공부를 잘해야 하고 특히 수학과 과학을 잘해야 한다는 점이 강조되어서 청소년들이 미리 겁을 먹을까 봐 걱정됩니다. 그런데 포기하지 않는다면 꿈은 이루어진다고 생각해요. 인공위성을 이해하기 위해서 원리를 알아야 하고, 그 원리를 알기 위해 깊이 공부하는 과정이기 때문에 목표만 생긴다면 과정은 충분히 해낼 수 있다고 생각합니다. 편집장님도 지금 인공위성 이야기를 하면서 '그게 어떻게 움직이는 거지? 우리 생활에 꼭 필요한가?'라는 관심을 갖게 됐잖아요. 그 관심을 인공위성의 원리와 연결해서 해결하면 이제 사칙연산만으로도 위성을 만들 수 있을지도 몰라요. 뉴턴도 '사과가 왜 지구 방향으로 떨어질

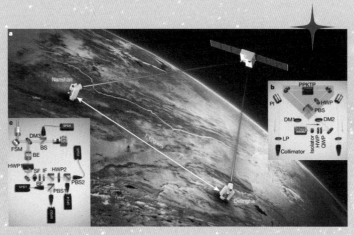

차세대 레이저 통신위성 개념도

까?'를 고민하다가 만유인력법칙을 발견했고, 우리는 그 이론을 중고등학교에서 수학식으로 배우고 있어요. 인공위성을 이해하려면 수학, 과학을 뛰어나게 잘하진 않아도 자연현상을 관찰하는 눈은 필요합니다. 인공위성개발자는 어려운 법칙을 만드는 사람이 아니에요. 인공위성은 이미 존재하는 자연과 과학의 법칙을 이용하여 인간의 편의를 위해 만들어지는, 우주에 떠있는 외로운 피조물입니다.

편 인공위성을 개발하는 직업에 대해 알아간다는 건 지구와 우주, 사람을 이해하는 보람된 일이 될 것 같습니다.

김 그렇게 생각해 주신다니 감사합니다. 생각해 보니 인공위성을 개발한다는 건 정말로 지구와 우주, 사람을 연결하는 멋진 일이네요. 지구의 활동, 우주를 탐사하면서 국가와 사람을 서로 연결해 주는 통신위성도 있으니까요. 인공위성은 우주라는 가혹한 환경에서 4~10년 동안 인류를 위해 열심히 일해요. 지금 생각하니까 정말 고마운 존재네요. 그래서 일부 개발자는 자신이 제작한 인공위성에 대해 큰 애착을 가져요. 자식을 우주에 보내는 기분으로 발사하기 때문에 발사 순간에는 성공에 따른 기쁨의 눈물과 아쉬움의 눈물이 뒤섞이는 것 같습니다. 우주에 보낸 인공위성은 다시는 그 실물을 볼 수 없으니까요. 이렇게 인공위성개발자는 위성을 개발하는 약 4~5년의 기간 동안 무에서 유를 창조한다는 자부심과 보람을 느끼며 개발에 전념하고 있습니다.

편 대표님께서는 두 아이를 둔 아빠라고 들었습니다. 자녀들에게 설명해 주신다는 생각으로 자세하고 쉽게 설명 부탁드립니다.

김 알겠습니다. 최대한 쉽고 편하게 설명해 보겠습니다. 첫째 아이 다진이에게는 어렸을 때부터 과학에 관심을 가지라고 많은 이야길 해주었는데, 둘째 주진이에게는 많은 이야기를 못해줘서 늘 아쉽고 미안했어요. 주진이에게 못다 한 이야기를 나누는 심정으로 쉽게 설명해 보겠습니다.

편 지금부터 잡프러포즈 『우주궤도를 선점하는 글로벌 리더 인공위성개발자』편을 시작하겠습니다. 우주로, 지구로 여행을 떠나보시죠.

우주정거장

A to Z

인공위성 제작 과정 전반에 대해 알려주세요.

편 인공위성 제작 과정 전반에 대해 알려주세요.

김 인공위성 제작 과정에 대해 알려면 시스템 엔지니어링System Engineering에 대해 짚고 넘어가야 합니다. 좀 어려워도 해봅시다. 인공위성은 1957년부터 시작해서 지금까지 수많은 엔지니어들이 협력하여 개발하고 있어요. 다양한 분야의 전공자들이 협업하여 개발하다 보니 회의가 업무의 주를 이루고 있으며, 설계한 내용들이 다른 분야 업무에 영향을 주기 때문에 서로 체크해가면서 하나씩 처리하는 게 핵심이죠. 각국에서 설계 방법에 대한 기준이 가장 중요하다는 인식이 넓혀졌고 우주 선진국인 여러 나라들이 기준 문서를 만들어서 그걸 바탕으로 제작하면 좋겠다고 생각했어요.

NASA미합중국 항공우주국에서도 이런 설계 방법을 고안하여 많은 설계 오류를 잡아가면서 진행을 했는데 이러한 학문이 시스템 엔지니어링이에요. 현재는 국방, 철도, 우주, 발사체 등 국가와 국제사회에서 필요로 하는 큰 사업들은 시스템 엔지니어링 절차를 준수하여 개발하면 완성됩니다. 아래의 그림은 시스템 엔지니어링 절차를 개발 스케줄과 비교하여 도식화한 그림이에요. 검은 삼각형

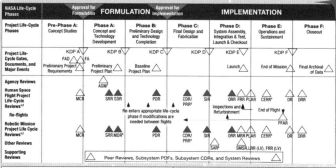

NASA Life-Cycle Phases	Approval for Formulation **FORMULATION** Approval for Implementation			**IMPLEMENTATION**		
Project Life-Cycle Phases	**Pre-Phase A:** Concept Studies	**Phase A:** Concept and Technology Development	**Phase B:** Preliminary Design and Technology Completion	**Phase C:** Final Design and Fabrication	**Phase D:** System Assembly, Integration & Test, Launch & Checkout	**Phase E:** Operations and Sustainment	**Phase F:** Closeout

FOOTNOTES

1. Flexibility is allowed as to the timing, number, and content of reviews as long as the equivalent information is provided at each KDP and the approach is fully documented in the Project Plan.
2. Life-cycle review objectives and expected maturity states for these reviews and the attendant KDPs are contained in Table 2-5 and Appendix D Table D-3 of this handbook.
3. PRR is needed only when there are multiple copies of systems. It does not require an SRB. Timing is notional.
4. CERRs are established at the discretion of program .
5. For robotic missions, the SRR and the MDR may be combined.
6. SAR generally applies to human space flight.
7. Timing of the ASM is determined by the MDAA. It may take place at any time during Phase A.
▲ Red triangles represent life-cycle reviews that require SRBs. The Decision Authority, Administrator, MDAA, or Center Director may request the SRB to conduct other reviews.

ACRONYMS

ASM – Acquisition Strategy Meeting
CDR – Critical Design Review
CERR – Critical Events Readiness Review
DR – Decommissioning Review
DRR – Disposal Readiness Review
FA – Formulation Agreement
FAD – Formulation Authorization Document
FRR – Flight Readiness Review
KDP – Key Decision Point
LRR – Launch Readiness Review
LV – Launch Vehicle
MCR – Mission Concept Review

MDR – Mission Definition Review
MRR – Mission Readiness Review
ORR – Operational Readiness Review
PDR – Preliminary Design Review
PFAR – Post-Flight Assessment Review
PLAR – Post-Launch Assessment Review
PRR – Production Readiness Review
SAR – System Acceptance Review
SDR – System Definition Review
SIR – System Integration Review
SMSR – Safety and Mission Success Review
SRB – Standing Review Board
SRR – System Requirements Review

NASA System Engineering Handbook. Space Flight Product Life Cycle

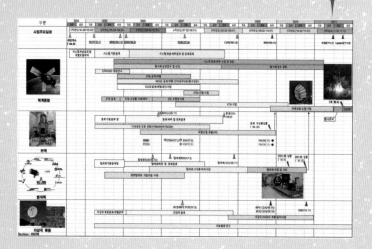

으로 되어 있는 부분이 개발 과정에서 제일 중요한 설계 검토회의 Design Review를 하는 시점입니다. 즉 각 단계에서 설계 방향과 점검 사항을 체크하여 설계의 문제점 등을 전문가 집단 앞에서 검토 받는 단계를 말해요.

위성 개발 과정에 대해 설명해 드리겠습니다. 위성 개발은 약 4~6년의 긴 시간이 걸리는 커다란 사업 중에 하나입니다.

1단계: 설계 검증
2단계: 부품 제작 검증
3단계: 전장품 제작
4단계: 위성환경시험
5단계: 발사

이런 과정으로 사업을 실행합니다. 각 단계에 대해 좀 더 자세하게 설명해 드리면,

1단계 설계 검증 시스템 설계가 끝나면 SDR(시스템 설계 검토회의)을 수행하여 전문가들의 의견을 반영해 설계를 검증합니다.

2단계 부품 제작 검증 예비 설계를 진행 후 PDR(예비 설계 검토회의)을 수행하여 EM(엔지니어링 모델)을 제작하고 그동안의 설계가 잘 되었는지 검증합니다. 이때 문제가 발생하거나 간섭 등이 발견되면 설계를 다시 하거나 일부 수정하여 CDR(상세 설계 검토회의)을 수행하는 거죠.

3단계 전장품 제작 CDR을 마치면 QM(인증 모델)을 제작합니다. 제작한 인증 모델로 기능 및 우주환경시험을 수행하게 되는데, 이때 시험 수준을 우주환경보다 더 가혹하게 하여 견디는지를 보고 검증이 완료되면 FM(비행 모델)을 제작합니다.

4단계 우주환경시험 검증이 완료되면 FM을 만들어 조립과 위성체 시스템 수준의 우주환경시험을 다시 수행하게 됩니다. FM은 정말 우주환경에서 운용되는 녀석이기 때문에 스트레스를 주면 안 되고 적당한 수준에서 기능 점검을 하게 됩니다.

5단계 발사 발사장에 가서 우주로 쏘아 올립니다.

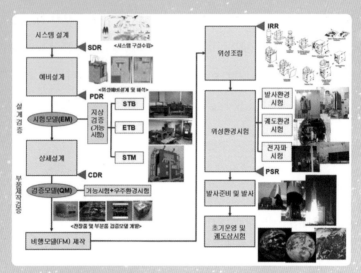

전반적인 인공위성 개발 과정

FM(Flight Model) 조립 시험 과정

업무 강도가 어떤가요?

편 업무 강도가 어떤가요?

김 엔지니어나 설계하는 사람들은 업무 강도가 높은 건 아니에요. 다만 회의나 이런 것들이 많죠. 앞에서 말씀드린 것처럼 위성에 여러 서브시스템들이 있잖아요. 예를 들면 열제어의 경우에는 전력을 먹는 소자 같은 게 있어요. 일종의 히터 같은 게 전력을 먹기 때문에 전력을 분배 받아야 안정적으로 운용되는데, 그러기 위해서는 전력계 쪽에서 얼마의 전력을 할당받느냐, 이런 것들을 계속 협의를 해가면서 설계를 진행해야 되는 거죠. 회의하다가 하루가 다 가는 일이 많아요. 어찌 됐건 업무 강도는 다른 타 직업군들보다 아주 높은 건 아니에요.

편 TV나 영화를 보면 개발자들이 밤새는 모습이 나오잖아요.

김 그런 일은 없어요. 보통 작업자들 같은 경우는 실제로 서너 명이 돌아가면서 위성 1기를 제작하는데 여덟 시간 근무를 지켜줘야 돼요. 그분들이 스트레스를 받으면 작업에 실수가 생길 수 있어요. 아마 유럽에 그런 기준들이 있어서 그걸 따라 하는 걸 거예요. 어찌

NOAA-N Prime

됐건 그분들이 최대한 스트레스를 받지 않는 한도 내에서 작업할 수 있도록 작업 시간은 딱 정해서 제작하고 있어요. 사람이 받는 스트레스가 위성에 영향을 미칠 수 있기 때문에 절대로 무리하지 않아야 해요. 미국에서 작업자가 스트레스로 인해 작업 인수인계를 못하고 쓰러진 사례가 있었어요. 수천억짜리 위성을 넘어뜨린 사건이죠.

편. 위성 부품을 조립하는 분들도 엔지니어인가요?

김. 엔지니어는 아니고 진짜 작업하는 분들인 거죠. 볼트, 너트로 작업하는 기술자Technition들이요. 인공위성은 숙련공들만 작업할 수 있어요. 그분들도 제대로 알아야 할 수 있기 때문에 교육도 받고 자격증도 취득하면서 유지하고 있어요. 이러한 작업자들의 일솜씨 Workmanship를 시험해서 일정한 수준이 되면 통과가 되고 그 이후에 실제 위성 제작에 투입됩니다. 위성 조립, 제작, 시험에서 제일 중요한 분들이죠. 아마 비행기도 인공위성과 똑같은 과정으로 작업자들을 관리하고 있다고 들었어요.

개발자가 사용하는 장비, 시설,
프로그램이 궁금해요.

[편] 개발자들이 사용하는 장비, 시설, 프로그램 등은 어떤 게 있나요?

[김] 인공위성 개발은 다양한 전공자들이 협력하여 개발하기 때문에 각 개발자가 사용하는 프로그램의 종류가 다양합니다. 컴퓨터, 기계, 전기 전자, 통신, 제어 등을 설계하는 프로그램들의 종류가 많아요. 대표적으로 기계 설계는 CATIA(3차원 컴퓨터 지원 설계 프로그램), SolidWorks(클라우드 기반 시뮬레이션 도구), Ansys(엔지니어링 소프트웨어) 등을 이용해 모델링을 하고, 전기 전자는 OrCAD(전자 설계 자동화에 널리 사용되는 소프트웨어 도구), Altium(전자 설계 소프트웨어), Protel 등을, 자세제어는 STK(Systems Tool Kit, 다중 물리 소프트웨어 애플리케이션), Matlab(수치 해석 및 프로그래밍 환경을 제공하는 공학용 소프트웨어), 컴퓨터공학자는 다양한 프로그램 언어인 C++, JAVA, Physon, LabView 등을 이용하고 있어요.

위성 개발에 필요한 시설은 두 가지, 즉 위성을 조립할 수 있는

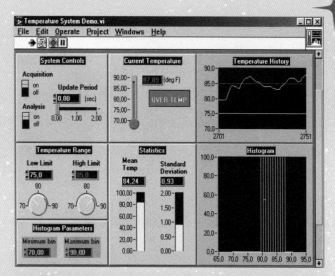

프로그램 언어 LabView

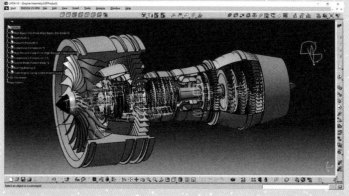

설계&해석 프로그램 CATIA

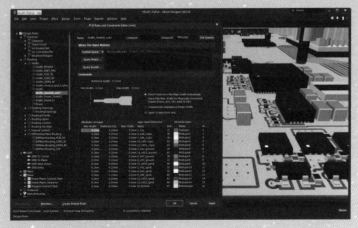

전기 전자 설계 프로그램 Altium

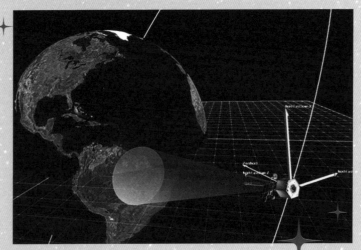

궤도 해석 프로그램 STK

시설과 우주환경에 대한 검증을 시험할 수 있는 시설로 나누어서 생각할 수 있어요. 전자파에 대한 영향성을 검토하는 EMI(전도 노이즈 및 방사 노이즈)/EMC(전자파 적합성), 열적환경에 대한 내성을 시험하는 열진공시험, 발사체환경을 시험하는 진동시험, 발사에서 생기는 음향을 시험하는 음향시험 등이 반드시 필요합니다. 현재 한국항공우주연구원은 이러한 시험을 할 수 있는 시험시설과 장비를 갖추고 있어요. 많은 엔지니어들이 그곳에서 인공위성 개발에 심혈을 기울이고 있습니다.

이러한 시설을 갖추고 있어야만 모든 우주환경시험을 진행하고 검증할 수 있어요. 그 검증을 통과해야 인공위성을 실패 없이 우주에 쏘아 올릴 수 있죠. 이 시설이 있어야 우주 강국이 되는 도전을 할 수 있습니다. 우리나라는 우주 강국이 될 만반의 준비가 이미 되어 있습니다.

한국항공우주연구원 우주시험동 전경

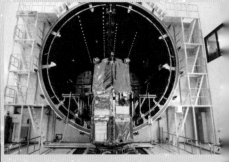

우주열환경시험을 하는 열진공시험기

발사체환경시험을 하는 진동시험
가진기

무게중심을 측정하는 질량특성시험기(좌)
발사체 소음 특성을 확인하는 음향시험기(우)

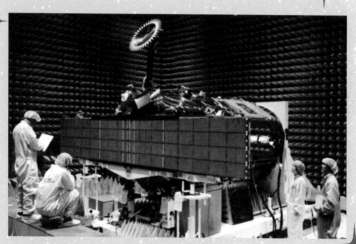

전자파에 대한 내성을 확인하는 EMI/EMC 챔버

인공위성 개발에 실패한 경험이 있나요?

편 인공위성 개발에 실패한 경험이 있으신가요?

김 앞에서 말씀드렸듯이 우리나라는 위성 개발에 실패한 경험은 없어요. 다만 몇 년 전 나로호 발사체를 이용한 궤도 진입을 못해서 우주 공간에 올리지 못한 과학위성이 있어요. 나로호 1차에 과학위성 2호 비행 모델을 탑재했지만 발사체가 불안정한 관계로 궤도에 올리지 못했으며, 나로호 2차에는 인증 모델을 쏘았는데 그것도 발사체 실패로 위성을 쏘아 올리지 못했어요. 하지만 인공위성 개발의 측면에서는 우주환경시험까지 완료하여 납품한 것이 되니까 인공위성 개발 실패라고 보기에는 좀 애매한 것 같아요.

　우리가 공부할 때 '실패는 성공의 어머니'라는 말을 많이 듣고 자랐는데, 우주 기술은 실패하면서 배우는 게 정말 많아요. 우주 기술은 보안사항과 국력에 직결되기 때문에 각국은 다른 나라에 기술 이전하는 걸 국가 차원에서 철저하게 막고 있어요. 그래서 실패를 하면 철두철미하게 원인 분석을 해서 다시는 같은 실패가 반복되지 않도록 방안을 만듭니다. 이 과정이 필수적이고 또 굉장히 중요하기 때문에 실패를 두려워하면 안 됩니다. 실패해도 도전하고

아쉽게 나로호 발사체 실패로 대기권에서 소멸된 과학위성 2호 비행 모델

지속적으로 자원을 투입해야 다른 나라가 우리나라를 따라잡거나
얕보지 못할 거예요.

초소형 위성은 뭔가요?

초소형 위성은 어떤 거예요?

초소형 위성은 제가 지금 산업화하고 있는 위성군이거든요. 높이가 10cm, 폭이 10cm가 규격이에요. 굉장히 작죠? 이런 직육면체의 위성을 초소형 위성이라고 해요. 항공우주산업 분야를 키우기 위해서 초소형 위성을 만들기 시작했어요. 여기에는 두 가지 이유가 있는데, 하나는 기술 검증을 하는 거고 또 다른 하나는 인력 인프라 교육을 위한 거예요. 위성을 만들기 위해서 새로운 기술이 나오면 초소형 위성에 적용을 해서 우주 공간에서 쓸 수 있는지 검증해 보는 거죠. 그걸 기술 검증이라고 해요.

그리고 학생들이 우주 위성 개발을 어떤 식으로 하는지 익혀야만 졸업한 후에 그 산업군으로 들어오게 되잖아요. 그걸 위해서 학교에서도 초소형 위성을 제작하고 있죠. 우리나라는 약 열다섯 개 대학에서 진행하고 있어요. 서울대, 연세대, 항공대, 인하대, 경희대, 지방 국립대 등 우주항공과가 있는 대학들이 이런 프로젝트를 수행하는 거죠. 소형 위성이지만 그 과정을 통해 커다란 위성을 개발하는 절차와 개발 방법을 익힐 수 있어서 이미 선진국에서는

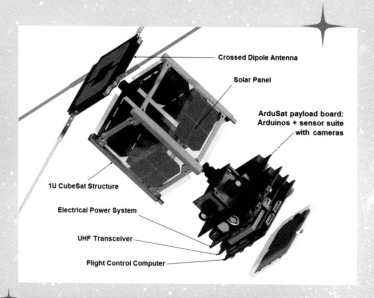

Crossed Dipole Antenna

Solar Panel

ArduSat payload board:
Arduinos + sensor suite
with cameras

1U CubeSat Structure

Electrical Power System

UHF Transceiver

Flight Control Computer

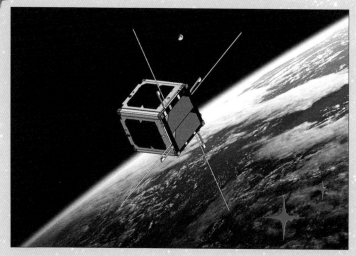

교육 프로그램으로 많이 개발하고 있어요. 국내에는 아직 청소년을 위한 프로그램이 없어서 아쉽지만 언젠가는 제가 청소년을 위한 경연 프로그램을 만들어보고 싶어요.

Job

항공우주학과에 진학하는 게 중요하네요.

편 항공우주학과에 진학하는 게 중요하네요. 학생들이 항공우주 관련 학과에 진학하면 위성을 만들어볼 수 있는 거잖아요.

김 그렇죠. 만들고 발사까지 해요. 과학기술정통부에서 하는 초소형 위성 경연 대회가 있어요. 제가 알기로는 펀드가 약 4억 원 정도 돼요. 이 대회에서 선정이 되면 펀드를 가지고 제작을 하는 거죠. 그리고 발사는 정부에서 해주는 거고요. 그런 식으로 하니까 인력이 유입되긴 하는데, 아직까진 많은 숫자가 들어오진 않는 것 같아요.

편 항공우주 관련 학과를 전공하면 보통 어디로 취직하나요?

김 예전에 어떤 자료를 보니까 전공한 학생들 중에 50퍼센트 이하의 학생들이 위성산업군으로 들어와요. 물론 이 산업군에는 연구소도 있고요. 기업은 한화, LIG, KAI 같은 대기업이 있어요. 중견 기업들은 세트렉아이라고 카이스트 출신들이 나와서 만든 데가 있고, AP위성, 루미르 등이 있어요. 작은 기업들은 저희 같은 스타트업 회사들이 있죠. 앞에서 말씀드렸듯이 최첨단 장비인 인공위성을 배우면 산업 전반에 걸쳐 모든 분야에 취직할 수 있을 것 같아요. 공학 분야는 거의 설계, 해석, 검증하는 일이 전부거든요.

이 일에 보람을 느끼는 순간은 언제예요?

편 이 일을 하길 잘했다고 느끼는 순간은 언제예요?

김 발사한 위성이 미션을 잘할 때 큰 보람을 느껴요. 발사한 위성에서 이미지나 데이터가 내려오면 기쁘죠. 위성을 쏘아 올리면 제일 긴장되는 순간은 첫 교신이에요. 첫 교신이 된다, 안 된다로 모든 게 판정이 나거든요. 왜냐하면 우주 공간에 누가 있는 게 아니니까 교신이 안 되면 도대체 어떤 이유 때문에 안 되는지 물음표만 남는 거죠. 쏘기는 했지만 데이터도 못 받고, 직접 가서 볼 수도 없는 거잖아요.

위성이 정확한 궤도에 들어갔는지는 1~2cm의 작은 물체까지 다 식별하는 미국의 우주 감시 체계를 통해서 확인할 수 있어요. 거기에서 데이터가 오면 위성의 위치를 정확히 파악하죠. 문제는 위성의 위치가 정확히 확인됐는데 교신이 안 되면 어떤 이유 때문인지 아무도 알 수가 없어요. 앞에서 말씀드린 초소형 위성들이 지금 다 그런 상황이에요. 열다섯 개 대학들이 했지만, 교신을 제대로 받아서 성공한 건 지금까지 한두 개밖에 없어요. 나머지는 어딘가에서 그냥 떠다니고 있는 거죠. 위성과의 첫 교신이 성공 판단의 가장 중요한 기준이에요.

　이미지나 명령은 두 번째 일이에요. 일단 첫 교신이 되면 안도의 한숨을 내쉴 수 있죠. 교신이 된 다음에 뭔가 문제가 생기면 다시 부팅을 시킨다든지, 다른 데이터를 업로드해서 소프트웨어적으로 조치를 해볼 수 있는데, 교신이 안 되면 방법이 없잖아요. 그래서 첫 교신이 되는 순간에 다들 기뻐해요. 저 또한 마찬가지예요.

　인공위성을 제작하는 우주 기술은 국력과 직결되기 때문에 강대국 사이에 위치하는 우리나라에 특히 중요해요. 우주 감시나 우주 작전이 필수인 미래 전쟁에 대비하기 위해서는 인공위성은 필수적입니다. 그래서 인공위성을 개발할 때마다 국방력에 일조하는 느낌이 들어서 큰 보람을 느낍니다. 역사적으로 조선의 창과 활이 일본의 조총에 상대가 안 되어서 임진왜란을 겪었잖아요. 신무기에 대한 준비를 하지 않으면 언제든지 적국으로부터 당할 수 있다고 생각해요. 물론 우주는 인류가 평화롭게 활용해야 한다는 철학에는 변함이 없습니다.

모든 언어들은 다 영어로 되어 있나요?

편 모든 프로그램이나 명령어들은 다 영어로 되어 있나요?

김 그렇죠. 우리나라는 90년대 초반에 과학위성 1호를 기반으로 우주산업에 뛰어들었는데 그때도 유학을 갔다 온 엔지니어들이 있어서 가능했던 것 같아요. 인공위성과 관련된 책들은 전부 영어 원서로 되어 있어요. 전공서적도 우리글로 되어 있는 것이 없어서 이해하는데 어려움이 있었고요. 상황이 조금씩 달라지고 있긴 하지만, 그래도 아직까지 대부분의 선진 기술은 영어권 국가나 다른 나라의 기술이어서 언어 장벽이 있는 건 사실입니다. 부품 국산화에 많은 투자를 하고 있지만 아직까지도 영어를 많이 쓰고 있어요. 인공위성 개발을 하다 보면 해외 출장도 많이 가기 때문에 영어로 대화할 수 있는 실력도 필요합니다. 독일 출장을 간 적이 있는데 업무적인 언어는 가능했지만, 일을 마치고 편한 자리에서 서로의 속 이야기를 나누는 데에는 어려움이 있었어요. 인공위성개발자들은 그런 부분을 좀 더 신경 써야 할 것 같아요.

개발자들이 받는 대우는 어떤가요?

📝 개발자들이 받는 대우는 어떤가요?

🧑 개인적으로 그렇게 좋은 건 아닌 것 같아요. 오히려 대기업들이 대우가 훨씬 좋고 급여도 잘 받아요. 기관에 있어서 좋은 건 업무 강도가 세지 않다는 거죠. 칼퇴근할 수 있고, 정년이 보장되는 게 좋아요. 기관이라고 별도의 복지는 없어요. 준공무원이라고 해서 공무원들이 받는 건 같이 받지만 공무원 복지가 그렇게 좋은 건 아니잖아요. 나중에 과학기술인연금이라고 해서 연금이 나오긴 하지만, 대우가 좋았던 시절은 1970년대였대요. 그때는 항공우주를 하면 아파트를 줬다는 소문을 들었어요. 사실인지는 저도 모르겠군요.

📝 대표님은 항공우주연구원에서 얼마 동안 근무하셨나요?

🧑 저는 2008년에 들어가서 2019년에 나왔어요. 아리랑위성 6호까지 연구 개발에 참여했고요. 지금 우주에 떠있는 위성 중 3기가 운용 중이에요. 수많은 엔지니어의 결실이죠.

스타트업을 해야겠다고 결심한 이유가 있나요?

편 스타트업을 해야겠다고 결심한 이유가 있나요?

김 저도 학교 다닐 때 우리나라 초소형 위성 1호를 제작했는데 실패했어요. 러시아에 가서 쐈는데, 아쉽게도 쏘았을 때 발사체가 폭발했어요. 스타트업을 해야겠다고 결심한 이유가 있어요. 저희는 초소형 위성을 만들 때 모든 걸 스스로 개발했어요. 프로그램은 당연한 거고 하드웨어에서 PCB Printed Circuit Board 같은 것도, 소자도 붙이고 다 깎아서 만들었어요. 그런데 지금은 다 구매해서 해요. 예를 들면 설계할 때 전자보드가 들어가요. 그다음 다른 전자보드가 아래로 들어가는 식으로 총 여섯 개 정도 들어가고요.

보드마다 EPS Electrical Power Subsystem, TCS Thermal Control Subsystem 등 서브시스템이 조립되고, 카메라를 장착하게 되면 카메라 유닛이 또 들어가죠. 그런데 요즘은 이런 것들을 다 해외에서 구매해요. EPS 모듈이 필요하다고 하면 그걸 사면 돼요. 그런 식으로 하니까 실패했을 때 원인을 모르고, 설계를 변경할 수도 없어요. 기술을 모르잖아요. 요즘 이런 현상이 발생하고 있어요. 그래서 우리 기술로 보드를 만들어야겠다고 결심했어요. 그럼, 국산화가 되는 거예요.

모듈을 쌓은 형상

6 cm

우리 회사 통신보드개발품

구입하고 나서도 서로 커뮤니케이션을 할 수 있고 설계 변경이나 컨설팅도 돈을 지불하면 할 수 있으니까요. 저는 지금 위성에 들어가는 보드를 하나씩 개발하고 있는 과정이에요.

최근에 개발한 보드는 통신보드예요. 위성시장은 위성 간 통신을 통해 군집을 이루는 방식으로 변화하고 있어요. 국내에서 시도하지 않은 기술을 적용해서 개발을 완료했는데 이름하여 '다중 주파수 대역을 활용한 초소형 위성용 인공위성 간 데이터 링크 시스템'입니다. 간단히 설명하면 우주 공간에 두 개 이상의 위성이 서로 데이터를 주고받는데 원거리에서는 UHF(주파수가 300MHz에서 3.0GHz 사이에 할당된 전자기파), VHF(30MHz에서 300MHz의 무선 주파수 범위) 대역의 주파수를 이용하고 가까이 오면 S band(2~4기가 헤르츠의 UHF, SHF 주파수 대역)를 이용해서 데이터양을 증가시킬 수 있는 통신장비예요. 조만간 우주에 올려서 기술을 검증하고 해외 시장에 도전할 계획입니다. 성능만 제대로 검증된다면 많은 나라에서 사용할 거로 예상합니다.

훌륭한 개발자가 되기 위해서 어떤 노력을 하세요?

🔲 훌륭한 개발자가 되기 위해서 어떤 노력을 하세요?

🔲 항상 책을 많이 보죠. 경영에 대해서도 늘 공부해요. 기술 트렌드를 보기 위해서 시간 날 때마다 구글링도 하고요. 초소형위성산업이 어떻게 되고 있는지, 미션은 어떤 게 있는지 늘 신경을 곤두세워요. 요즘은 양자 통신을 위한 인공위성시험을 중국에서 성공했다는 기사를 보았는데, 괜찮은 미션인 것 같아요. 그래서 요즘은 양자 통신, 양자 컴퓨터 책을 보는데 또 다른 세상이 펼쳐지고 있어서 흥미롭더라고요. 기회를 만들어 언젠가는 양자 통신용 인공위성을 만들어볼 날이 있을까요? 저도 궁금해지는데요. 이런 식으로 기술 관련 어떤 트렌드가 있는지 파악하기 위해서 정보 검색에 노력하고 있어요.

자주 들어가는 사이트 LIST

www.space.com
www.nasa.
www.spaceflight101.com

외국의 개발자들과 우리나라 개발자들의
실력 및 기술 차이가 있나요?

편 외국의 개발자들과 우리나라 개발자들의 실력 및 기술 차이가 있나요?

김 우리나라 박사들과 외국의 박사들은 차이가 있어요. 저희는 독일 쪽이랑 많이 얘기를 하거든요. 독일 개발자들은 다방면으로 많이 알아요. 그런데 우리는 자기 분야만 알거든요. 어찌 됐건 깊이가 좀 다른 느낌이에요. 외국은 박사 학위 취득이 굉장히 까다로워요. 외국에서 박사학위를 받는다는 건 쉬운 일이 아니죠. 학위 취득 과정의 차이에서 발생하는 실력 차이는 분명히 있는 것 같아요. 사람마다 다르겠지만 저는 개인적으로 외국의 개발자들이 좀 더 전문가라는 생각이 들 때가 많았어요. 현재로서는 우리나라가 해외 기술을 바탕으로 만드는 것들이 많잖아요. 우주 기술에서 중요한 것 중에 헤리티지Heritage, 이전 모델에 장착이 되어 우주에서 아무런 문제 없이 작동되었던 부품으로 가혹한 우주환경에서 성공적으로 기술 검증된 제품이나 부품라는 게 있어요. 그걸 우주 Proof라고 하는데, 우주 공간에서 검증이 됐느냐, 안 됐느냐에 대한 거죠. 이 검증이 돼야 사용을 해요. 그렇지 않으면 안 쓰는 경향이 강하거든요. 그래서 이런 초소형에 기술 검증 테스트를 하는 거죠. 만약에 어떤 획기적인 칩을 새로 만들었는데, 우주 공간에서 이걸 써봤느냐 아니냐가 결정적으로 중요해요. 우주 공간에서 안 써본 거라면 그냥 옛날 거를 쓴다는 거죠. 그렇기 때문에 우주항공 기술은 우주 Proof, 즉 헤리티지를 중요하게 생각해요. 그 틀을 좀 깨야 되는데 쉽지가 않아요.

인공위성개발자의 일과는 어떻게 되나요?

編 인공위성개발자의 일과는 어떻게 되나요?

金 아래와 같이 정리해 보았습니다.

09:00 위성 개발 스케줄 아침 미팅. 시스템에서 매일 위성 제작 스케줄을 발표하면 각 서브시스템에서 그날의 업무를 파악하고 확인한다.

10:00 본격적인 업무의 시작. 이메일을 확인하고 각 서브시스템에서 필요한 회의 시간과 안건, 장소 등을 공지한다. 관련된 엔지니어들이 모여서 의견을 조율하고 필요한 엔지니어링 연구를 시작한다.

14:00 회의에서 의견 조율이 안 되면 조율이 될 때까지 설계하고 해석해서 다른 엔지니어들을 설득하는 과정을 가진다. 모든 의견이 취합되면 담당자가 회의록을 작성하고 최종 승인권자(프로젝트매니저)의 승인을 확인하고 제작에 반영되는 순으로 진행한다.

17:00 업무일지를 작성하여 개발이나 시험 내용들을 공유하고 다음날 일정을 확정 지어 기록에 남긴다.

만약에 시험하다가 예상 밖의 결과가 나오면 원인을 찾아 해결할 때까지 모든 스케줄은 연기됩니다. 시간을 까먹는 거죠. 이러한 모든 일들을 시스템에서 결정하고 공유하면서 일정을 짜는 거예요. 이런 업무적인 판단을 할 수 있어야 기술적으로 성숙한 엔지니어겠죠. 계속 스톱만 해서도 안 돼요. 병행해서 진행할 수 있는 일이 있으면 'On going'해야 정해져 있는 위성 개발 스케줄 내에 조립, 시험 등을 완료할 수 있어요. 이런 업무를 하는 것이 시스템 엔지니어링입니다.

존경하는 인물이 있나요?

편. 존경하는 인물이 있나요?

김. 지금 많은 교류는 없지만 대학원 때 지도 교수님이 생각나요. 원래 NASA에 계시다가 한국에 와서 항공우주연구원을 설립하셨고, 그 이후에는 KT에서 무궁화위성 1, 2호를 만든 분이세요. 그분과 사제지간을 맺으며 대화를 많이 했었던 것 같아요. 그분의 취미 생활이 그림 그리는 거였어요. 재직 시절에는 예술의 전당에서 전시회도 하셨더라고요. 저는 전시회는 못 보고, 그림은 본 적이 있어요. "우리 공학도는 감정이 메말라 있어서 예술과 문학에 취미를 가지는 것이 인생에 있어서 많은 위로가 된다."고 하셨거든요. 지금은 워싱턴에서 가족들과 노후를 즐기고 계시지만 그분이 위성 쪽에서는 큰 스승이셔서 저도 그분처럼 되고 싶다는 생각을 많이 했어요. 그분이 많이 알려주시기도 했고, 좋은 엔지니어들도 소개해 주셨어요. 지금은 다들 은퇴할 나이가 되신 것 같아 세월이 빠르다는 것을 새삼 느끼게 되는군요. 저도 은사님처럼 후학도 키우면서 나라에 도움이 되는 사람이 되는 것도 보람된 일이라고 생각하고 행동하고 있어요.

일을 그만두고 싶은 적이 있었나요?

🔲 혹시 일을 그만두고 싶은 적이 있었나요?

🔲 위성 일을 하면서 일 때문에 그만둬야겠다고 생각한 적은 지금까지 한 번도 없어요. 일이라는 게 즐겁잖아요. 저는 참 행복하다고 생각해요. 왜냐하면 하고 싶은 일을 직업으로 하고 있으니까요. 만약에 제가 원하지 않는데 돈을 많이 벌 수 있는 자동차나 핸드폰 등 다른 쪽에서 일을 한다면 너무 스트레스일 것 같아요. 돈을 많이 벌면 윤택한 생활에는 도움이 되겠지만, 내가 좋아하는 걸 하고 싶다는 고민이 저를 따라다녔을 거예요. 일과 취미, 돈 버는 일이 하나가 되면 정말 행복한 삶이라고 생각해요. 이 책을 읽는 청소년 여러분도 꼭 그런 삶을 꿈꾸고 노력하길 바랍니다.

🔲 혹시 직업병이 있나요?

🔲 저는 없는데, 주변에 들어보니까 어떤 오류나 고장을 발견해야 되는 일이다 보니 어떤 분들은 일상에서도 항상 제조 날짜를 확인하시더라고요. 그것도 하나의 직업병인 것 같아요. 지적하는 주변 사람도 엄청 신경 쓰일 거예요.

편 스트레스는 어떻게 해소하세요?

김 서예와 검도, 국궁을 해요. 서예는 어려서부터 했고, 검도는 회사 다니면서 스트레스를 풀려고 시작했어요. 회사 옆에 검도장이 있었는데, 죽도가 아니라 진검으로 수련하는 곳이었어요. 국궁은 활인데요. 제가 우리나라 전통무예에 관심이 있었어요. 문文의 수련을 서예로 하니까 문무文武의 조화를 이뤄야 된다는 생각이 있어서 국궁을 했죠. 서예는 좀 차분해진다고 할까요? 그러면서도 사람들과 어울리는 게 좋더라고요. 검과 붓은 참 어렵고, 내 뜻대로 잘 안 되거든요. 둘 다 선이라는 게 있어요. 붓도 자기가 가야 되는 자리에 있어야 힘이 가거든요. 글씨에 뼈와 살이 있다고 표현하는데, 붓이 자기 자리에 있어야 글씨에 단단함이 있어요. 저도 서예를 처음할 때는 몰랐어요. 그런 눈이 없었는데, 나중에는 보는 눈이 생기더라고요. 검도 검의 선이 있어서 자기가 가야 될 자리로 지나가야 소리가 나요. 그 소리를 내기가 어려워요. 그게 인간의 지혜인 것 같아요. 선을 지켜야 소리가 나게 만들었으니까요. 그리고 성격상 스트레스를 잘 받지 않아요. 내가 좋아서 하는 일이니까 스트레스를 거의 안 받고 기쁘게 하고 있어요.

이직하시는 분들은 어디로 이동하시나요?

편 인공위성을 개발하다가 이직하시는 분들은 어디로 이동하시나요?

김 인공위성은 다양한 공학 분야가 결합되어 있기 때문에 이직하면 각자의 전공 분야로 많이 가요. 예를 들어 열제어를 하던 사람들은 자동차 열제어 관련 업무로 이직하는 등 산업 전반에 걸쳐서 다 할 수 있어요. 요즘 프로그래머들이 많이 이동해요. 들어오기도 하고, 나가기도 하고요. 시험하는 분들도 타 산업의 시험 인력으로 많이 이동하더라고요. 다만, 위성은 좀 더 크고, 기술 난이도가 조금 더 높은 거죠. 우주는 쉬운 환경이 아니고 굉장히 가혹해요.

편 인공위성이 워낙 어려운 분야여서 다른 분야로 이동하는 게 힘들지는 않을 거 같아요.

김 인공위성 기술 자체가 정말 까다로워요. 이 일을 수행했다는 건 다른 분야로 이직할 때 분명히 장점이 됩니다. 앞에서 말씀드렸던 것처럼 이클립스(지구 그림자 궤도)에 들어가면 영하 50℃였다가 태양이 보이는 쪽으로 가면 100℃로 올라가요. 그럼 열변형 현상이 생겨서 구조체가 피로(지속 반복되는 스트레스가 쌓이는 현상)를 받아 망가지죠. 그리고 위성의 설계 수명은 최소 4년 이상 보장되어야 하고 압력과 진공도 계산되어야 해요. 위성에 들어간 반도체나 칩에 제일 중요한 게 태양에서 오는 Radiation, 즉 방사능에 대한 방어력이에요. 방사능은 결국 모든 물질을 다 뚫고 지나가는데, 칩이 방사능을 맞게 되면 디지털 신호 자체가 바뀌어요. 그걸 SEE Single-Particle Event Effect라고 표현하거든요. 그렇게 어떤 값이 변해버리는 상황이 돼요. 중요한 이미지를 찍거나 다른 명령 데이터를 받았을 때 신호가 바뀌면 안 되잖아요. 그런 환경에서 위성이 운영되기 때문에 위성은 검증된 모든 기술의 복합체인 거죠. 가격도 비싸고요. 인공위성개발자는 이런 복잡한 일을 처리하기 때문에 공학 관련된 모든 분야에 이직이 가능해요.

편 인공위성개발자는 이직할 수 있는 분야가 많네요.

김 공학과 관련된 모든 분야로 갈 수 있으니까요. 그런데 저는 이직해서 아예 다른 산업군으로 간 사람들은 아직 못 본 것 같아요. 자리만 이쪽에서 저쪽으로 옮기는 정도예요. 왜냐하면 위성은 잘 아는 사람이 들어와야 되니까 경력자를 많이 채용하거든요. 그러다 보니 우리나라에서는 이름만 대면 서로 다 아는 사람들이라 이직하면 금방 알아요. 어디로 가고 어디에서 왔는지 대부분 잘 알죠.

특별히 감명 깊었던 작품이 있나요?

편 우주나 인공위성 또는 우주과학자들에 대해 묘사한 작품 중에서 특별히 감명을 받으신 게 있나요?

김 조디 포스터가 나온 〈콘택트〉라는 영화예요. 세티SETI, Search for Extra-Terrestrial Intelligence, 외계 지적 생명체 탐사라는 프로그램이 있는데 지금도 미국에서 실행하고 있어요. 인터넷에 검색해 보면 나오죠. 외계인이 있다는 가정 하에서 영화 스토리가 전개되거든요. 지구에서 외계인과 접촉하기 위해서 여러 가지 노력들을 하고 후반부 가서는 외계인과 소통하는 내용인데 정말 재미있게 봤어요.

이 세티라는 프로그램은 텍사스 어딘가에 우주 전파 망원경 여러 대를 두고 우주에서 오는 전파 신호를 받는 거예요. 이 프로젝트도 1980년대부터 시작한 프로그램이에요. NASA에서도 주도했고요. 여기는 데이터를 받으면 인터넷 사이트를 통해서 일반인들에게 다 공개해요. 왜냐하면 자기네들도 해보고 안 되니까요. 아무튼 영화 스토리는 우주에서 어느 날 갑자기 신호가 와요. 살펴보니까 우리보다 지적 수준이 더 높은 생명체인 거죠. 평소에 없던 이상한 신호가 들어와서 서로 교신하게 되면서 우리가 풀지 못했던 여

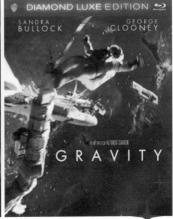

러 가지 것들을 풀고, 너희가 있는 곳에 우리가 어떻게 하면 갈 수
있는지 얘기하고 외계인을 만나러 가는 내용이에요. 후반에는 설
정이 좀 그렇긴 한데, 어렸을 때 재미있게 봤어요.

최근 작품 중에서는 산드라 블록이 나오는 〈그레비티〉가 잘
만들었다고 생각해요. 현실적이고, 과학적으로 만든 것 같아요. 과
학자 팀이 붙어서 만든 영화이기 때문에 더 그런가 봐요. 크리스토
퍼 놀란 감독의 〈인터스텔라〉도 블랙홀에 대한 최근 논문들을 바
탕으로 해서 만든 거잖아요. 우주 관련 영화들은 챙겨서 보는 편이
에요. 그리고 우리나라에서 만든 〈승리호〉라는 영화가 있어요. 우

주 쓰레기를 청소하는 설정인데 정확하게 묘사했더라고요. 구성이나 이런 것들도 모두 재미있었고요.

편️ 우주 영화들을 보면서 어떤 생각을 하시나요?

김️ 두 가지 생각을 해요. '우주에 대한 상상이 계속 현실에서 이루어지는구나.' 인류가 화성에 가는 세상이 도래했고 달에 기지를 세워 연료를 채우고 우주를 여행할 세상이 다가올 것 같아요. 요즘 해외 유수 기업들은 앞다투어 우주 개발에 박차를 가하고 있고 이런 상상을 실현할 기세로 투자를 하고 있으니 조만간 인류가 지구가 아닌 다른 행성에서 살 수 있을지도 몰라요. 다른 하나는 영화도 과학을 기반으로 제작하기 때문에 촬영 기술이나 표현 방법이 거의 완벽하다는 생각을 했어요. 친구 중에 감독이 있어서 이야길 했는데 결국은 와이어와 컴퓨터 그래픽을 통해서 진짜처럼 만든다는 거예요. 앞에서 말씀드린 〈그래비티〉가 진짜 리얼하게 만든 영화거든요. 그리고 이야기 자체도 현재 우주에서 일어나고 있는 상황이고요. 우주 파편으로 인한 우주정거장의 파괴가 심각해서 우주 쓰레기를 어떻게 처리하여 줄일 것인지 연구하는 다국적 팀이 생겼어요.

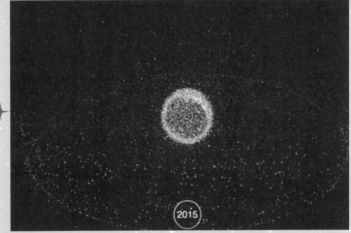

연도별 우주 쓰레기 누적 현황

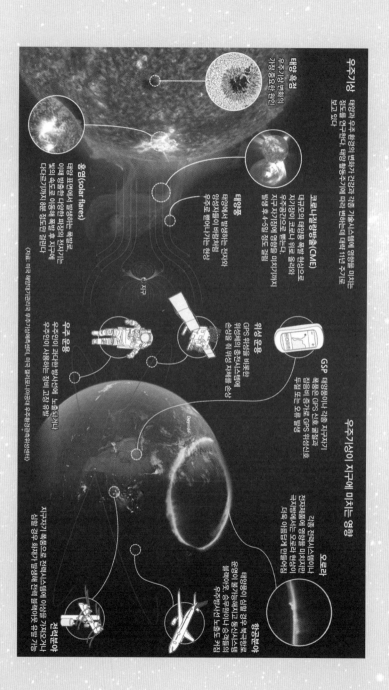

우주기상

태양과 우주 환경의 변화가 건강과 각종 기술시스템에 영향을 미치는 정도를 연구한다. 태양 활동주기에 따라 변하는데 대략 11년 주기로 보고 있다.

우주기상이 지구에 미치는 영향

태양흑점
우주기상 변화의 가장 중요한 원인

흑점(solar flares)
태양 표면에서 발생하는 폭발로, 이때 발생한 다양한 파장의 전자기파는 빛의 속도로 이동해 복사 후 지구에 다다르기까지 8분 정도의 걸린다

코로나질량방출(CME)
대기오의 태양물 폭발 현상으로 자기장이 코로나 위로 돌아감. 우주공간으로 뻗는다. 우주공간에 영향을 미치기까지 발생 후 4~5일 정도 걸림

태양풍
태양에서 방출하는 전자기와 이성자들이 바람처럼 우주로 뻗어나가는 현상

위성 운용
GPS 위성을 비롯한 위성체의 충전시스템 손상 초래와 위성 자체손상

GSP
대양흑점이나 각종 지구자기
복동은 GPS 신호 교란과 잡음에 중가로 GPS 위성신호 두절 또는 오류 발생

오로라
각종 전력시스템이나 전자제품에 영향을 미치지만 극지방에서는 오로라 현상이 더욱 아름답게 만들어짐

우주 운용
우주인이 평상시에 노출되는 우주인이 사용하는 정비 고장 유발

항공운송
태양흑점이 심할 경우 북극항로 운영이 장가능해지고 통신시스템 블랙아웃 등 무선이 승객들이 우주방사선에 노출도 커짐

지구자기 폭풍으로 전체시스템에 이상을 가져오거나 심할 경우 회재가 발생해 전력 블랙아웃으로 이어질 가능

(자료: 미국 해양대기관리처와 우주기상예보센터, 미국 콜로라도에 있는 우주환경센터에서 발표한다)

미래의 생활

인공위성이란 무엇인가요?

[편] 이제부터 어려운 이야기가 나오겠네요. 이해는 안 가더라도 쭉 읽다 보면 언론이나 미디어에서 인공위성에 대한 단어나 내용이 나왔을 때 좀 더 이해하기가 수월할 것 같아요. 모두에게 생소한 전문분야인 만큼 천천히 공부해 보도록 해요. 인공위성이란 무엇인가요?

[김] 행성 주변을 원궤도로 도는 것을 위성이라고 합니다. 사람의 힘으로 만든 최첨단의 기기가 원궤도로 도는 것을 말하죠. 좀 더 과학적으로 설명을 해드릴게요. 위성은 지구를 중심으로 원심력, 구심력의 조합으로 일정 궤도를 도는 물체를 가리키며, 인공위성은 인위적으로 인류人類가 만든 위성Satellite으로 정의할 수 있어요. 인간이 어떤 목적을 달성하기 위해 인공적으로 만들어 지구 주위 궤도에 안착시킨 물체를 인공위성이라고 할 수 있습니다. 고도에 따라서 저궤도, 중궤도, 정지궤도(36,500km)위성으로 분류되고, 목적에 따라서는 과학위성, 통신위성, 기상위성, 군사위성 등으로 분류 할 수 있어요. 최근에 제임스 웹 우주망원경JWST, James Webb Space Telescope을 2021년 12월에 발사했는데, 허블우주망원경이 수명을

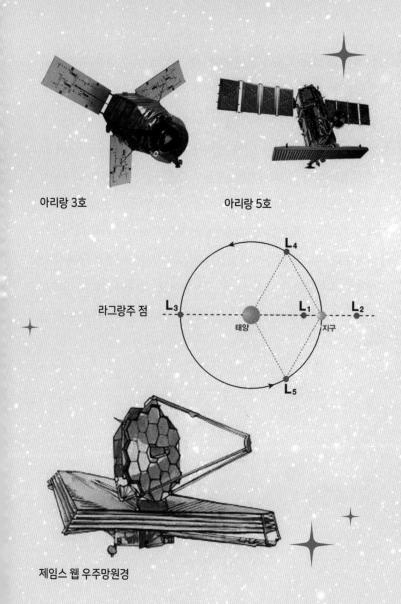

아리랑 3호

아리랑 5호

라그랑주 점

L_4

L_3

태양

L_1

지구

L_2

L_5

제임스 웹 우주망원경

다해서 그 대체로 쏘아 올린 거죠. 주 임무는 아주 먼 우주에 대한 관측을 통해 별의 탄생, 우주의 기원, 인류가 보지 못한 것을 볼 수 있는 기능을 탑재하여 달 뒤편 저 멀리 라그랑주 점Lagrangian point, 행성들의 중력이 평형을 이루는 포인트 L2에 위치해서 관측하는 것으로 25년의 개발 기간과 11조 원의 개발비, NASA, ESAEuropean Space Agency, 유럽우주기구 등 세계 유수의 기관이 협력을 통해 개발했어요. 정말 어마어마한 투자지만 과학자들은 이러한 망원경을 통해서 관측한 데이터를 바탕으로 이론을 입증하고 있습니다. 허블우주망원경을 통해서 아인슈타인이 고안한 우주상수를 입증했어요. 그래야 이론이 진리로 정립이 되는 거죠. 이러한 것도 인공위성이 있기 때문에 가능한 일이에요.

원궤도에 대해서 설명해 주세요.

편 원궤도에 대해서 설명해 주세요.

김 인공위성이 자기궤도에 도착하면 역학적으로 지구의 중력, 만유인력, 구심력 등에 의해서 자기궤도에서 벗어나지 않고 원을 그리면서 일정하게 도는 궤도를 원궤도라고 합니다. 만약 조금이라도 속도가 높아지면 그 궤도를 벗어나서 지구를 탈출하는 상황이 되고, 아니면 지구의 중력에 의해서 지구 표면으로 떨어져요. 이 속도가 총알보다 빠른 초속 7.4km/s의 속도인데, 이것을 '제1 우주 속도'라고 부릅니다. 이보다 빠르면 점점 더 긴 타원궤도를 그리는데 초속 11.2km를 넘으면 지구 중력을 탈출하는 속도가 되어 지구로 돌아올 수 없는 상태가 되고 이를 '제2 우주 속도'라 부릅니다. 마지막으로 이보다 더 빠른 초속 16.7km에 도달하면 태양계로부터 탈출할 수 있는 '제3 우주 속도'가 되는 거죠. 이 속도를 내기 위해선 로켓에 엄청난 에너지 즉 연료가 필요하기 때문에 로켓의 크기가 엄청 커져요. 지구로 떨어지지 않고 달, 화성 등으로 가려면 이런 속도를 맞추어야겠죠? 이런 것들은 모두 계산을 통해서 나오는 결과예요. 궤도역학이라는 것을 배우면 여러분도 위성의 궤도

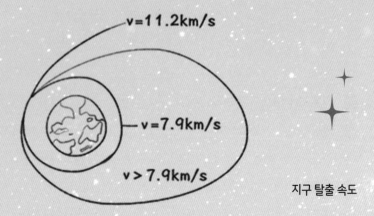

v=11.2km/s

v=7.9km/s

v>7.9km/s

지구 탈출 속도

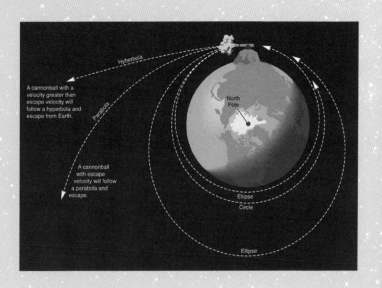

를 찾을 수 있어요. 뒤의 인공위성의 원리를 봐주세요.

편 인공적으로 만든 별이네요.

김 그렇게 정의할 수 있어요. 자기 에너지가 있는 별도 있지만 태양의 빛을 반사한 가시광선으로 우리 시야로 들어오는 별도 있어요. 인공위성도 육안이나 쌍안경을 통해서 우리 상공에 지나갈 때 볼 수 있어요. 다만, 속도가 빠르기 때문에 찾기가 쉽지는 않지만 분명히 볼 수는 있어요. 한 가지는 위성의 궤도와 지나가는 시간을 알아야 하는데 그걸 안내해 주는 앱과 프로그램이 있으니 관심을 가지고 찾아보시기 바랍니다(본문 78쪽 참고).

요즘은 인터넷을 통한 정보가 너무 다양하고 제가 공부할 때와는 비교도 안 될 정도로 정보의 질이 향상되었어요. 청소년 여러분이 마음만 먹으면 취미로도 이러한 일들을 할 수 있고 이런 관심이 향후에는 여러분의 직업이 될 수도 있을 겁니다. 한번 도전해 보시기 바랍니다.

인공위성의 원리

인공위성의 원리는 지면과 나란한 수평 방향으로 발사된 포탄이 형성하는 궤적의 모양으로 설명할 수 있다(아래 그림 참조). 발사되는 포탄의 속도를 초속 1km부터 시작해서 조금씩 올린다고 상상해 보자. 포탄이 날아가는 거리는 조금씩 늘어날 것이고 이론적으로 포탄의 속도가 초속 7.9km가 되면 지면으로 다시 떨어지지 않고 지구 주위를 계속 돌게 될 것이다. 그리고 만약 포탄의 속도가 초속 11.2km를 넘으면 지구 중력권을 탈출하게 된다. 결국 초속 7.9km 이상, 초속 11.2km 이하의 속도를 가진 인공위성은 중력에 의해 지구 주위를 돌게 된다. 이때, 비행 속도가 초속 7.9km 이면 원궤도, 그 이상이면 지구 중심을 한 초점으로 하는 타원궤도가 된다.

위와 같이 인공위성은 해당 고도에 맞는 적절한 속도를 유지함으로써 지상으로

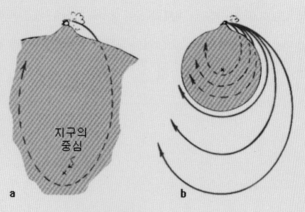

포탄의 발사 속도와 생성 궤적의 관계
출처: http://javalab.org/lee/2015/principle_of_satellite/

낙하하지 않고 행성 주위를 공전하는 궤도상에 머무를 수 있다. 다시 말해 지상으로 낙하하거나 반대로 행성의 중력권을 벗어나 우주 공간으로 튕겨 나가지 않고 공전운동을 지속하기 위해서는 그 고도를 유지할 수 있는 속도를 계속 지니고 있어야 한다. 이때 필요한 속도는 공전 중인 행성의 중력 크기와 행성의 질량중심으로부터 얼마나 떨어져 있는지, 즉 거리에 의해 결정되며 다음과 같이 뉴턴의 타원운동 공식에 의해 계산할 수 있다.

[식 1]
$$Vsat = \sqrt{G(M+m)\left(\frac{2}{r} - \frac{1}{a}\right)}$$

위 식에서 Vsat은 인공위성의 속도, G는 중력상수
($\approx 6.67384 \times 10^{-20} Km^3 kg^{-1} sec^{-2}$), M은 행성의 질량, m은 인공위성의 질량, r은 행성의 질량중심에서 인공위성의 현재 위치까지 거리, a는 타원궤도의 장반경을 의미한다. 만약 인공위성이 그리는 공전궤도(=타원)가 원궤도에 아주 가까워서 r과 a가 거의 같다면 그리고 인공위성의 질량이 행성의 질량에 비해 아주 작아서 무시할 수 있을 정도라면 위의 식은 다음과 같이 간략하게 쓸 수 있다.

[식 2]
$$Vsat = \sqrt{\frac{G \cdot M}{r}}$$

따라서 공전궤도를 원궤도로 가정할 수 있는 경우에는 식 2에 의해 인공위성의 속도를 계산할 수 있다. 이때 행성이 지구가 아닌 다른 행성이라면 그에 따라 행성 질량 M이 달라지며 그러므로 같은 거리의 궤도라도, 즉 r이 같더라도 행성에 따라 인공위성의 공전 속도는 당연히 다르다.

[네이버 지식백과] 인공위성 (천문학백과) 참조

위성 궤도 추적 사이트

www.stoff.pl

Orbitron: 위성 궤도 추적 프로그램

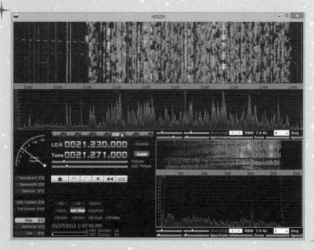

SDR: 위성 데이터 수신 프로그램

인공위성은 어떤 일을 하나요?

편 인공위성은 어떤 일을 하나요?

김 인공위성은 우주 공간에서 지구를 관측하는 일을 해요. GPSGlobal Position System 위성이라는 것이 있잖아요. GPS 데이터를 받아서 우리의 위치를 알려 주는데, 우리가 제일 흔하게 접할 수 있는 인공위성의 역할이죠. 그리고 정지궤도에서 통신하는 역할을 하는 위성들이 있어요. 우리가 핸드폰을 사용하거나 아니면 지구 저편에서 중계하는 스포츠 방송을 볼 수 있는 건 다 통신위성이 있기 때문에 가능한 일이죠. 요즘 정부에서는 위성을 활용한 우주 시대를 준비하고 있어요. 국토부에서는 우리나라 영토의 변화를 모니터링하거나 하천, 강의 변화를 데이터화하고 있으며, 주택 면적, 산림의 면적 등을 파악하여 향후 정책에 반영하고 있어요. 산림청에서도 산불 예방이나 나무 수종 등을 파악하고, 농림부에선 식량 예측, 경작 면적 등을 파악하여 정책에 반영하죠. 인공위성을 통한 데이터 분석을 통해 국민들의 삶의 질을 향상시키려는 정책 계획을 발표하고 위성 연구 개발에 많은 자본을 투자하고 있어요. 우리가 공기의 소중함을 모르는 것처럼 인공위성을 이용한 데이터를 일상생활에서 많이 사용하는데도 위성을 잘 의식하지 못해요. 우리 생활은 인공위성과 직접적으로 연관되어 있어요. 국방 분야에서 인공위성은 말로 표현할 수 없을 정도로 중요한 무기 체계로 연구 개발을 진행하고 있죠.

또한 인공위성으로부터 내려오는 데이터를 활용한 서비스를 각 기업마다 다양하게 적용하고 있는데 일례로 보험사들이 제일 발 빠르게 움직이고 있어요. 재난재해 발생 시 보험사가 피해 보상을 지급하게 되는데, 위성을 통해 찍은 사진으로 피해 지역과 규모를 구체적으로 특정할 수 있어요. 그리고 실시간으로 태풍 등의 진행 경로를 파악하여 피해를 최소화하거나 위성이 지구로 재해 경고 신호를 보내 지상에서 재해에 신속히 대응하는 인공위성 활용법을 해외에서는 이미 적용하고 있어요.

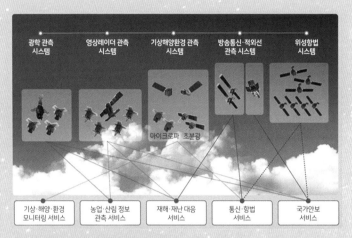

다양한 위성 서비스를 제공하기 위한 인공위성 개발 계획

출처: 한국항공우주연구원

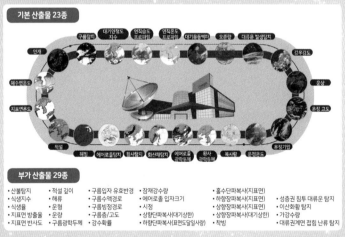

천리안 2A호가 제공하는 기상 환경 산출물

출처: 국가기상위성센터

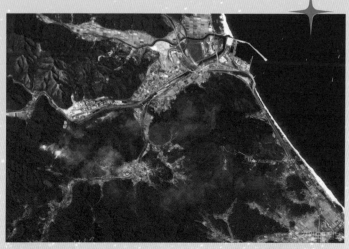

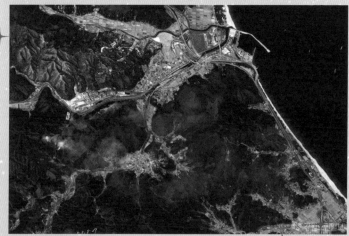

아리랑 3A호가 찍은 강원 산불 근적외선 합성 영상
출처: 한국항공우주연구원

인공위성은 언제 개발되었나요?

편 인공위성은 언제 개발되었나요? 어떻게 발전했죠?

김 2차 세계대전 후 미소 냉전 때 인공위성이 발전했어요. 첫 인공위성은 1957년에 쏘아졌으니, 지금으로부터 70~80년 전 일이죠. 그러니까 1957년 10월 4일 소련(현재 러시아)에서 최초의 위성 스푸트니크 1호(러시아어로 '동반자'라는 뜻으로 근지점 228km, 원지점 947km, 공전주기 96.2분)를 발사한 계기로 시작이 된 거예요. 비록 짧은 수명이었지만 전 세계는 극찬을 했고, 경쟁국 미국은 후발 주자로서 우주 기술에 투자를 시작했어요.

편 그럼 2차 대전 때는 위성이 없었어요?

김 2차 대전 때는 없었어요. 1957년에 첫 위성이 쏘아진 거니까요. 러시아 스푸트니크라는 동그랗게 생긴 위성이 있는데, 무전기 같은 것을 사용해서 그냥 통신만 할 수 있는 위성이었거든요. 러시아에서 인류 최초의 위성 스푸트니크를 쏘아 올린 거니까 자존심 쎈 미국이 가만있지 않았겠죠. 그 이후에 미국과 소련이 우주 패권을 놓고 서로 경쟁하는 시기가 와요. 미국 케네디 대통령이 아폴로

스푸트니크 1호

발사	1957.10.04
발사 장소	카자흐스탄 바이코누르
크기	지름 58cm, 무게 83.6kg
	• 알루미늄으로 된 구형 물체로 두 개의 무선 송출기 부착
	• 네 개의 안테나 탑재
	• 발사 후 3개월 만에 궤도 이탈
임무	• 대기 상층부 밀도 등 파악
	• 무선신호 송출
	• 원거리 교신 중계 기능

프로젝트를 계획하고 달 탐사에 어마어마한 예산을 투자하죠. 지금은 상상할 수 없는 지원 규모였어요. 국가 예산의 50퍼센트를 투입했으니까요. 어떻게든 미국이 소련보다 먼저 달에 가야 된다고 생각을 하고 NASA를 만들어서 위성은 러시아가 먼저 발사했지만 달은 미국이 먼저 갔죠. 미소 냉전이 우주 기술 발전에 지대한 공을 세운 건 맞아요. 예산과 인력을 상상 이상으로 투입하고 누가 먼저 가는지 대결을 했으니까요. 이때 핵무기가 개발이 되고 국제적 힘이 누가 센지 겨루면서 민주주의와 공산주의의 패러다임이 다투고 있었어요. 당시 지도자들은 머리가 아팠을 거예요. 그런 국제적 혼란 시기에 어부지리로 우주 기술이 발전한 건 역사적 사실이에요.

인공위성이 왜 중요하다고 생각하세요?

[편] 인공위성이 왜 중요하다고 생각하세요?

[김] 인류가 거시적인 안목을 가지려면 인공위성이 필요하다고 생각해요. 시야를 넓히는 거죠. 만약에 지금 GPS가 없다고 가정하면 우리 위치를 모르는 거잖아요. 혹은 통신이 안 된다거나, 된다고 하더라도 전파가 갈 수 있는 거리만큼만 통신할 수 있으니 동그란 지구에서 저편에 있는 상대방에게 전파를 전달할 수 없잖아요. 현재 우리는 위성을 이용해서 지구 반대 방향에 있는 미국이나 다른 나라와도 소통을 할 수 있게 된 거죠.

천문학자들도 우주를 관측하기 위해서는 인공위성을 이용한 천체망원경이 필요해요. 지구는 대기권이 있어서 인간에게 유해한 자외선, 적외선, 엑스선, 감마선 등을 차단하지만 관측을 위해서는 그런 광선이 필요해요. 광학망원경의 경우에도 대기의 산란이 있어서 관측에는 악영향을 주는 게 현실입니다. 그래서 천문대는 산 정상에 위치해 있어요. 하지만 우주에 망원경을 띄우면 상황은 달라져요. 우리가 볼 수 없는 빛까지 볼 수 있어요. 그래서 인공위성이 중요해요. 우주의 기원이나 크기 등을 파악하기 위해 반드시 필

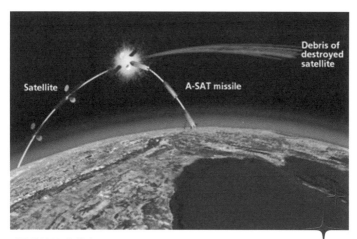

인공위성 공격 개념도

요한 것이 우주 관측과 탐사예요. 결국은 인공위성을 만들어서 올려야 합니다. 관측을 해야 예상을 하고 예측된 결과로 대응을 하지 않을까요?

국방 쪽으로 전환을 하면 요즘 무기는 첨단 기술의 총체라고 할 수 있어요. 사무실 공간에 앉아 정확한 목표물을 보면서 타격할 수 있는 로켓이 있는데 그것도 전부 GPS 데이터를 수신해서 움직여요. 적의 상황이나 위치를 인공위성(키홀위성: 미국 정찰위성)으로 감시, 정찰하여 파악을 하죠. 인터넷 게임처럼 말이에요. 이게 벌써 몇 년 전 일이죠. 현재 우리나라에 도입한 전투기도 인공위성과 통신하여 작전 명령을 받는 상황이에요. 그만큼 작전 반경이 넓어졌습니다. 언론에서 미사일 방어 체계라는 말을 들어보셨을 거예요.

방어 체계 가능성에 대한 논란도 많지만 언젠가는 실현되고 실전에 배치될 겁니다. 미사일을 발사하면 위성에서 로켓 엔진의 열을 감지하고 미적분을 통해서 다음 위치를 파악해요. 그렇게 적당한 위치 즉, 대기권 밖에서 날아갈 때 요격해 버리거나 인공위성으로 미사일을 파괴하는 시대가 도래하고 있습니다. 이런 상황에 준비하지 않으면 어떻게 될까요? 적은 총을 들고 싸우는데 우리는 대나무창으로 싸우면 누가 이길까요? 그래서 국방은 반드시 우주 전쟁에 대해 준비해야 하고 우리나라도 그런 일환의 사업들을 구축하고 있습니다. 미국은 이런 것을 연구하는 DARPA라는 조직이 있어요. 새로운 기술을 연구한다는데 무기 쪽으로 많이 투자하는 것 같아요. 중국, 러시아, 일본 등 국제정세와 관련해 첨예한 나라들도 이미 준비를 하고 있습니다. 강대국들은 인공위성을 이용한 우주 전쟁이나, 감시 체계를 구축하고 있어요. 국민을 보호하고 지키는 일, 삶의 질을 향상시키기 위한 인공위성의 개발도 박차를 가하고 있고요. 저는 이러한 좋은 기술을 인류가 평화적으로 사용하기를 바랍니다. 누가 먼저라고 할 것도 없이 인류의 번영과 평화를 위해서 인공위성이 사용되어야 한다고 생각합니다.

위성이 없다면 어떨까요?

편 위성이 없다면 어떨까요?

김 직선거리로 50km 내외에서만 통신을 해야겠죠. 일상에서 제일 많이 사용하는 게 GPS여서 계속 GPS를 예로 들게 되는데, 만약에 위성이 없다면 우리 위치를 어디에 전송할 수도 없고, 누군가에게 알려줄 수도 없어요. 그 외에도 생각하지 못했던 여러 가지 통신 방송 문제들이 많이 있죠. 우리가 스마트폰이 없었던 과거를 떠올리기가 어려운 것처럼 인공위성도 마찬가지예요. 지금까지 설명한 인공위성의 일들을 할 수 없게 되는 상황이니 굳이 말로 설명할 필요는 없을 듯합니다. 편집장님이 지금 펜을 가지고 적고 있는데 펜이 없다면 글을 쓸 수 없듯이 인공위성이 없다면, 지구 관측, 우주망원경, 지구 저편의 소식, 방송, 위치 서비스, 우주 탐사 등 비록 피부에 직접적으로 와닿지 않을 수도 있지만 여러 엔지니어들의 노고를 전혀 알 수 없겠죠.

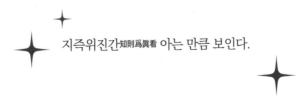

지즉위진간知則爲眞看 아는 만큼 보인다.

옆에 있는데 소중함을 모르는 경우가 많아요. 너무 흔하거나 존재의 가치를 모르면 고마움도 느낄 수 없는 거죠. 기술이라는 것도 관심 있는 사람, 아는 사람에게만 보이는 법입니다. 청소년 여러분이 많은 관심을 갖고 바라보기를 바랍니다.

스마트폰과 인공위성이 밀접한가요?

🅟 스마트폰과 인공위성이 밀접한가요?

🅚 핸드폰이 위성에서 GPS 데이터를 받고 있어요. 지금은 기지국이 지상의 빌딩에 있지만 만약에 자연재해나 전쟁 같은 큰 이슈가 있어서 기지국이 무너지면 GPS 위성통신을 이용해서 교신을 하죠. 우리나라는 그런 상황이 안 와서 위성통신이나 위성 핸드폰을 많이 이용하진 않지만 중동이나 사막, 바다 같은 데서는 위성을 많이 사용해요. 우리나라도 해상에서는 GPS 폰을 쓰죠. 바다에는 기지국이 없기 때문에 위성과 교신해서 필요한 메시지들을 주고받는 상황입니다. 그리고 지구 위에서 관측 데이터를 받기 위해서도 쓰여요. 우리가 스마트폰으로 날씨, 구름의 모양이나 방향 등을 다 보잖아요. 그게 정지궤도위성이 올라가서 보내는 데이터를 받는 거예요. 그러면 보다 정확히 예측할 수 있죠.

🅟 지구를 바깥에서 보는 거네요.

🅚 그렇죠. 저궤도위성은 이미지를 카메라로 찍어서 데이터를 보냅니다. 일례로 차세대중형위성 4호가 있는데 그건 농림위성이라

고 농림부에서 펀드를 대서 만들어진 위성이에요. 우리나라의 식량 분포 등을 파악하는 거죠. 북한의 식량 상황도 어떤지 확인하고요. 우리나라의 작황 상황을 분석해서 내년에 벼 재배를 더 한다든지, 옥수수 재배를 더 한다든지 하는 것들을 예측하기 위한 농림위성들을 지금 제작하고 있어요. 차세대중형위성 1호는 국토부에서 제작하는 위성이에요. 이렇게 각 분야에서 위성을 개발하고 있어요. CAS 1호는 작년에 쐈고요.

위성이 국가 간의 협의나 약속 없이
돌아다닐 수 있나요?

⊞ 위성이 국가 간의 협의나 약속 없이 돌아다닐 수 있나요?

㉠ 아니죠. 주파수를 할당받아야 돼요. 왜냐하면 똑같은 궤도에 올리면 서로 침해가 되잖아요. 우주를 평화적으로 인류 공동으로 사용하자는 내용의 협약을 체결했어요. 그래서 UN 산하의 ITU International Telecommunication Union, 국제전기통신연합에서 주파수를 할당해요. 각국에서 위성을 올릴 때 어차피 통신을 해야 되기 때문에 그쪽에 요청을 하는 거죠. "이 주파수를 사용해도 되겠습니까?"라고 하면 승인을 내주거나, 또는 검토해서 거기 주파수는 어떤 이유로 못 쓴다고 알려주는 역할을 해요.

⊞ 주파수를 할당받으면 서로 부딪히지 않고 지구 주위를 평화롭게 돌 수 있는 거예요?

㉠ 네. 맞아요. 한 번 올린 궤도는 일부러 변경하지 않는 이상 옮겨지지 않아요. 아까도 얘기했듯이 위성을 한 번 쏘아 올리면 자기 궤도를 벗어나지 않고 아무 에너지 없이 계속 빙글빙글 돌게 돼 있

으니까요. 거기에서 움직이려면 에너지를 넣으면 움직이는 추력기라는 장치를 활용해야 돼요. 정지궤도위성은 궤도가 몇 백 미터씩 쳐질 수 있어서 한 달에 한 번씩 자기궤도로 다시 올리는 하우스 키핑이라는 액티비티를 수행해요. 지상에서 명령을 내리죠. 지상에서 위성의 현재 위치를 확인하고 원래 고도가 36,000km이었는데 35,000km로 내려가 있어서 차이가 나면 궤도를 올리는 거예요. 그렇게 해서 위성이 일정하게 움직여요.

지금 지구 주위를 얼마나 많은 위성이 돌고 있나요?

📧 지금 지구 주위를 얼마나 많은 위성이 돌고 있나요?

🔑 저번에 데이터를 보니까 우주에서 5,000기 정도 돌고 있더라고요. 그중에 한 3,000기는 거의 수명이 다한 것들이에요. 역할 없이 그냥 빙글빙글 돌고 있고, 나머지 2,000기는 실제 운용할 수 있는 거예요.

📧 위성을 한번 띄우면 쏘아 올린 국가에서 그 위성이 떨어질 때까지 책임지는 건가요?

🔑 그렇죠. 국제법에 우주 물체에 대한 소유권을 정의한 게 있는데 그 나라가 쏘아 올려 떨어지는 것은 책임을 져야 하며, 운석이 떨어지는 경우는 떨어진 영토에서 가지는 것으로 알고 있어요. 대표적인 사례로는 중국의 톈궁 1호였는데 2011년에 발사되어 국제우주정거장(ISS)에서 도킹(우주 물체끼리의 접속)에 성공하여 국제사회의 부러움을 샀지만 2016년 중국 정부가 통제력을 상실하면서 궤도를 벗어나 지구 중력에 이끌려 떨어지는 상황이 발생했었죠. 중국 정부뿐만 아니라 NASA, ESA 등 우주기관이 톈궁의 추락

시점과 위치를 추적하여 어디로 떨어질지 정확히 예측했어요. 고도 300km 이하로 떨어지면 3개월 이내에 지구로 재진입할 가능성이 급격히 커지고 2017년 10월에는 일주일에 1.5km씩 천천히 고도가 낮아지고 2018년 3월에는 일주일에 약 6km씩 떨어졌어요. 톈궁 1호는 무게가 8.5톤, 길이 10.5m, 지름 3.4m에 이르는 거대한 구조물이지만 대기권에 진입할 때 생기는 공력가열(공기와의 마찰로 인한 열)이 2,000도가 넘어 불타 없어질 것으로 예상했죠. 지금까지 우주 파편으로 인한 인명피해는 없지만 맞을 확률도 1조분의 1에 불과하기 때문에 번개(140만분의 1)보다 낮아 안전하긴 한 것 같아요. 만약 그런 일이 발생하면 그냥 집에서 재난 방송을 보고 있는 것이 안전할 것 같아요. 결국 아무 탈 없이 남태평양 칠레 앞바다에 떨어졌답니다.

편. 나중에 떨어질 때는 어떻게 떨어져요?

김. 대기권에 들어오면서 다 타게 돼 있어요. 디오르빗De-orbit이라고 해서 요즘은 우주 쓰레기가 너무 많다 보니까 전 세계적으로 우주 쓰레기를 어떻게 처리할지 이슈가 많이 되고 있죠. 앞에서 말했듯이 인류가 우주를 개발해 온 70여 년은 지구궤도에 인공위성과 우주 쓰레기를 뿌려온 시간이기도 해요. 어쩌면 인류의 꿈을 실현

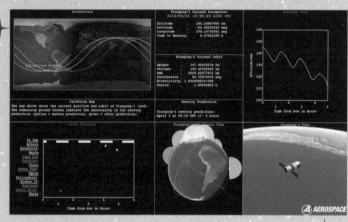

Job
Propose 49

시키고 장렬히 전사한 인공위성들이 지구궤도를 둘러싼 유물처럼 보존되어 있다고 해도 과언이 아닙니다. 지구궤도에는 이미 수많은 인공위성과 로켓의 잔해 그리고 충돌로 발생한 파편들이 우주 쓰레기가 되어 떠다니고 있으며, 그 양도 2000년대 들어서 가파른 속도록 증가하고 있어요. 미국의 합동우주사령부 연합우주작전센터(CSpOC)는 지상에서 광학망원경과 레이더를 이용해 1~2cm의 작은 물체까지 감시할 수 있는 체계를 만들었는데 보고서에 따르면, 등록된 인공 우주 물체의 수는 총 4만 8,000개에 이르며, 그중 인공위성은 1만 1,000여 개이고, 우주 쓰레기가 3만 7,000여 개, 이 중 지구 대기권에 추락해 사라진 2만 5,000개를 제외하면 현재 지구궤도에 2만 3,000여 개의 인공우주 물체가 남아 있다고 합니다. 그중 운용되는 인공위성은 10퍼센트 정도인 2,300여 개 밖에 안 되니, 90퍼센트는 우주 쓰레기라는 이야기죠. 발견되지 않은 것까지 찾아낸다면 아마 1억 개 넘는 것으로 보고되고 있답니다. 인류가 손만 대면 환경오염이 시작되니까 생물학자 한 분이 "나중에 지구에 남는 것은 개미밖에 없을 것이다."라는 말씀을 하셨더라고요. 우주가 이렇게 쓰레기로 오염되고 있다는 현실이 안타깝지만, 국제협약기구에서 이제 우주 청소에 대한 논의가 시작되어 다행입니다.

인공위성이 떨어지더라도 지표면에 떨어질 일은 없어 보이고요. 오히려 부피가 더 큰 우주정거장이 떨어지면 대기권에 타다 남은 잔해가 떨어지는 것이죠. 그리고 전 세계가 다 주시하고 있고 특히 주파수를 할당하는 ITU라는 국제전기통신연합 기구에 등록하여 우주에 올리니 거기서도 다 알고 있는 상황입니다. 위성을 쏘기 위한 첫 단계는 제작도 제작이지만 주파수 할당을 받는 게 정말 중요한 일이거든요. 우리나라는 과학기술정통부에서 ITU(국제전기통신연합) 쪽에 주파수 요청하는 일을 하고 있어요. 다른 나라는 민간이나 기업에서 하는지 모르겠지만, 우리나라는 과학기술정통부를 통해서 해야 합니다.

📖 북한도 주파수를 할당받을 수 있나요?

🧑 네. 우주는 특정한 누군가의 소유물이 아니기 때문에 먼저 올리는 사람이 임자입니다. 먼저 올리는 사람이 그 궤도를 쓸 수 있어요. 예를 들면 동남아시아 어느 나라에서 자기네 궤도에 위성을 올려야 되는데 위성을 만드는데 최소 5~10년은 걸리잖아요. 그 사이에 다른 나라가 위성을 올리면 그 궤도를 못 쓰게 돼요. 그 궤도를 맡아놓기 위해서 임무가 다 끝난 우리나라 무궁화위성 1호를 잠깐 빌려서 그 궤도에 올려놓은 적이 있어요. 그렇게 맡아뒀다가 자기

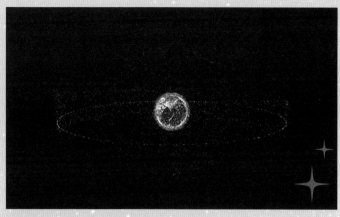

지구 상공에 떠있는 우주 물체들 특히, 지구 적도 상공 띠를 이루고 있는 정지궤
도 위성군

출처: 한국천문연구원

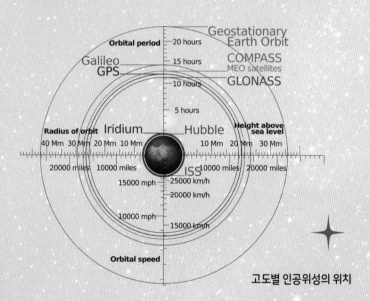

고도별 인공위성의 위치

네 위성이 제작 완료되면 비켜주는 거예요.

편 궤도를 인수인계받는 거네요.

김 그렇죠. 대가를 지불하고 그 궤도를 사용하는 거죠. 이미 무궁화 1호는 임무를 종료했기 때문에 그렇게 사용할 수 있었던 거고, 새로운 이윤도 창출한 거예요.

인공위성의 폐기는 어떻게 이루어지나요?

편. 인공위성의 폐기는 어떻게 이루어지나요?

김. 예전에는 임무가 종료되거나 오작동으로 교신이 안 되면 그 상태로 놓았어요. 그렇게 했더니 앞에서 말씀드린 것처럼 우주 쓰레기 문제가 발생해서 국제사회에서는 2007년 유엔 우주평화이용위원회(UN COPOUS)를 조직하여 '우주 폐기물 경감 가이드라인'을 통해 수명을 다한 인공위성은 어떻게 처리해야 한다는 지침을 만들었어요. 그 내용은

✦ 저궤도위성의 경우 대기권으로 낙하를 유도해 연소시키면서 남는 잔해는 남태평양 바다로 추락시켜서 수장

✦ 정지궤도위성의 경우 마지막 남은 연료를 사용해 현 궤도보다 300km 정도를 상승, 폐기궤도 혹은 무덤궤도로 불리는 여정으로 마감

이렇게 권고하고 있는 것으로 알아요. 앞으로 위성을 개발하는 주체가 이러한 폐기 방법도 고려해야 하는 상황인 거죠.

정지궤도가 뭔가요?

편 정지궤도가 뭔가요?

김 정지궤도는 지구에서부터 36,000km, 내 머리 상공 위에 항상 있는 거예요. 즉 인공위성의 자전 속도가 지구하고 똑같은 거죠. 24시간 동안 계속 우리 상공에 있는 건데, 그런 궤도는 적도 상공에 딱 한 궤도만 있어요. 그러다 보니까 그 궤도 안에 대부분의 통신위성들이 있죠. 그다음에 고도 10,000km까지가 중궤도예요. 고도가 10,000km보다 낮은 위성을 저궤도위성이라고 표현하죠. 저궤도가 지구에서 한 1,000km 정도 고도에 있다고 하면 지구를 한 바퀴 도는데 약 97분 걸려요. 그럼 하루에 열두 바퀴 정도 도는 거죠. 수학적으로 계산하면 속도가 7.2km/s예요. 1초에 7km를 가는 거니까 엄청 빠르죠. 고도 1,000km 안에 있는 위성들은 다 그런 식으로 움직인다고 보면 됩니다.

정지궤도 장단점	저궤도 장단점
장점 • 적도 궤도 상공 36,000km 위에 떠있는 위성 • 위치가 고정되어 있어 찾기 쉬움 • 데이터 커버리지 넓음 **단점** • 위치가 멀어 전파 지연 발생 (약 0.8초) • 자리 확보 어려움	**장점** • 고도가 낮아 전파 거리 짧음 • 고해상도 이미지 확보 용이 **단점** • 커버리지 협소 • 자전 속도로 인한 위성 추적 시스템 가동

궤도에 따라 위성의 용도가 다른가요?

📧 궤도에 따라 위성의 용도가 다른가요? 궤도를 다르게 하는 이유는 뭔가요?

📧 우리나라는 아리랑위성이 저궤도위성이고 정지궤도복합위성은 천리안이 있습니다. 궤도 특성에 맞게 올리는 것이고, 임무 목적에 맞게 궤도를 선택하는 것이죠. 이런 일들은 시스템에서 고객의 요구사항 분석을 통해 정할 수 있는데, 현재는 많은 경험이 축적되고 정형화되어 통신위성은 우리 머리 상공에서 항상 접속이 가능해야 하니까 정지궤도를 선택하며, 저궤도는 궤도가 낮기 때문에 궤도 주기가 하루에 열두 바퀴를 돌고 있죠. 그에 따른 임무를 수행하는 궤도로 선정하는 것입니다. 하지만 이런 트렌드도 기술이 발전하여 변화를 맞이하고 있는데요. 그것이 저궤도통신위성이며, 여러 개의 위성이 위성 간 링크를 통해 실시간 모니터링을 할 수 있는 게 특징이고 전 세계적으로 이러한 저궤도통신위성 개발에 박차를 가하고 있어요. 미국은 1만 2,000기(SpaceX), 147기(Boeing), 5,000기(OneWeb), 캐나다는 1,600기(TeleSAT), 중국은 1만 2,900기 등을 계획하고 있으며, 우리나라도 2031년까지 170

기의 소형 군집 통신위성을 계획하고 있어요.

궤도를 다르게 하는 이유도 딱 한 가지로 정의할 수는 없지만 일례로 5G는 통신 거리가 120m에 100Mbps를 6G는 10km 통신 거리에 Gbps를 전송할 수 있으니, 앞으로 저궤도통신위성에서는 아마도 6G를 활용해서 자율주행 자동차, 드론, 도심 UAM(무인항공이동체), 자율주행 선박 등의 데이터 통신에 이용할 가능성이 있어 보여요. 이런 서비스는 정지궤도에 위치한 통신위성의 미약한 신호로는 할 수 없고 데이터 지연도 있기 때문에 빠르게 반응해야 하는 시스템에는 적용할 수 없는 궤도인 거죠. 이처럼 시스템의 목적에 맞게 설계할 때부터 고려해 임무가 성공적으로 완수될 수 있도록 개발하고 있어요.

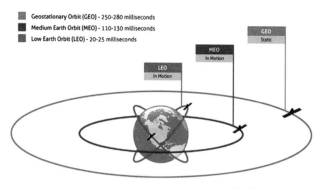

Note: Not drawn to scale

우주에 떠다니는 위성의 잔해는 위험하지 않나요?

[편] 우주에 떠다니는 위성의 잔해는 위험하지 않나요?

[김] 그것을 데브리스Debris라고 하는데 충돌의 위험이 있어요. 얼마 전 뉴스에도 ISS(국제우주정거장)의 승무원이 피신했다는 내용이 있었어요. 우주 쓰레기들이 너무 많다 보니까 태양전지판이나 볼트 같은 것들이 ISS에 부딪쳐요. 그 속도가 7km/s니까 총알의 열 배 정도 되는 어마한 속도예요. 파괴력이 크죠. 그래서 우리나라도 우주 파편 감시 체계를 한국천문연구원에서 수행하고 있어요. 우리가 발사하는 위성 하나에 2천억에서 3천억 정도 하거든요. 위성이 볼트나 우주 쓰레기에 맞아서 손상되면 국가적인 손실이죠. 그래서 파편들을 감시하고 인공위성이 그것들을 피해서 회피 이동을 해야 하는 시대가 빠르게 다가오고 있어요.

사진을 보면 동그라미 안이 파편으로 구멍이 난 로봇 팔이에요. 국제우주정거장의 로봇 팔로 재질은 티타늄, 길이 17.6m, 지름 35cm에 불과한 구조물이지만 우주 파편이 ISS의 본체에 충돌했다면 상당히 큰 피해를 입었을 겁니다. 천만다행인 거죠. 이런 일들이 갈수록 많이 발생하기 때문에 승조원들은 비상 매뉴얼을 숙지하고

캐나다의 우주정거장 로봇 팔 손상

훈련을 하고 있어요. 경고음이 발생하면 즉각적인 조치를 취하고 있죠. 그리고 이러한 우주상황인식SSA, Space Situatioal Awareness은 각국에서 레이저나 광학망원경을 통해 우주 물체를 추적하여 대응하고 있어요.

📻 우주가 복잡해지네요. 평화로운 우주의 이미지와 많이 다른 거 같아요.

📻 사실 지금까지 우주는 국제사회가 인류의 평화를 위해서 사용하자는 체결을 해서 무기화가 되지는 않았어요. 적국을 감시하는

기능 정도만 했죠. 그런데 미국 트럼프 정부가 군산복합체 펀드 때문이었는지 ASAT^{Anti-Satellite, 인공위성 공격 무기}라고 해서 위성을 공격할 수 있는 무기를 승인해 버렸어요.

위성이 무기가 되면, 무서울 거 같아요.

편 위성이 무기가 되면, 너무 무서울 거 같아요. 지상에서 위성을 공격하는 건가요?

김 지상에서 위성을 공격할 수도 있고, 위성 간에 서로 공격할 수도 있는 거예요. 지상에서 레이저를 이용해서 우주에 떠 있는 걸 쏘아 버리는 거죠. 아니면 위성을 쏘아 올려서 여러 가지 방법을 통해 적국의 위성을 파괴해버리는 거예요. 지금까지는 전 세계가 위성을 평화적으로 사용했는데, 국제 협약을 트럼프 행정부가 탈퇴하고, 위성을 무기로 사용할 수 있는 법안을 승인한 거죠. 우리는 우주 공격 무기를 만들 거라고 선언한 거예요. 그러다 보니까 어떻게 되겠어요? 중국, 러시아, 일본, 인도 등 우주산업에 투자하고 있는 강대국들도 그 무기들을 다 만드는 거예요. 미국이 하니까 다른 나라도 시작한 거죠.

지금 각국에서 이미 실험도 하고 있어요. 2018년에 중국이 자국 위성을 파괴했어요. 파괴하면 그 파편들이 어마 무시하게 생기는 거잖아요. 자동차 유리 하나만 깨져도 파편이 나오는데, 위성이 깨지면 얼마나 많은 파편이 나오겠어요? 앞에서 말씀드렸는데, 정말 작은 볼트 하나도 우주에서는 다 위협적이에요. 만약 어떤 궤도에 위성 한 대가 있다고 하면, 그 궤도는 항상 유지되는 거잖아요. 그런데 거기에 갑자기 우주 파편들이 수만 개가 생기면 어떻게 될까요? 파편들의 무게가 다 다르기 때문에 속도가 다르겠죠. 그러다 보면 파편들 간에 거리도 생기고요. 그럼 결국 어느 한 궤도는 아예 사용을 못 하는 상황이 되는 거예요. 이런 것을 연구하는 분야가 우주상황인식이에요. 우주 물체에 대한 감시를 체계적으로 진행하고 있습니다. 지상 및 우주에 설치된 광학, 레이더 시스템 등의 우주 감시 체계를 이용, 지구 주위의 우주 공간을 선회하는 각종 물체들(인공위성, 우주 잔해물 등)의 상황을 파악하여 충돌, 추락 등의 위험에 대처해 나간다는 개념이죠. 최근 국가 간 우주 개발 경쟁 심화에 따라 우주환경이 혼잡해져서 그 중요성이 강조되고 있는데 이러한 체계도 평화 시에는 인공위성에 회피 명령을 보낼 수 있지만 전쟁 시에는 결국 적국의 우주 무기 위치를 파악할 수 있는 거죠. 칼을 요리사가 사용하면 좋은 도구가 되지만, 살인자가 사용하면 무기가 되는 이치랑 똑같아요.

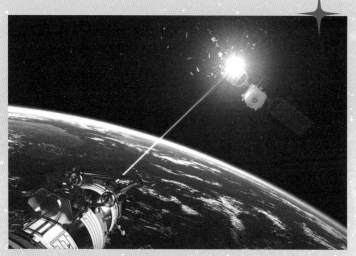

ASAT(Anti Satellite), 공격형 인공위성

SSA(Space Situational Awareness), 우주상황인식
우주궤도상에 있는 물체를 식별하는 것

우주를 평화적으로 사용하자고
주장하는 국가들은 없나요?

편 우주를 평화적으로 사용하자고 주장하는 국가들은 없나요?

김 이 질문에 대한 답을 어찌해야 할지 고민이군요. 이렇게 최첨단 장비를 평화적으로 사용하면 참 좋을 텐데요. 하지만 인간의 욕망이라는 것이 그렇게 가만 두질 않는 것 같아요. 그래도 우주 공간을 평화적으로 활용하기 위한 노력은 꾸준히 하고 있어요. 1963년 UN이 우주 공간 이용에 대한 「우주법 선언」을 통해 우주 공간이 특정 국가의 것이 아닌 인류 공통의 것이라고 규정하면서 평화적 이용에 대한 규정을 만들었으며, 1967년 「우주 조약Outer Space Treaty」을 체결하는데 그때 우주 공간에 대한 인류의 관심은 평화였죠. 하지만 스푸트니크가 발사된 후 미국과 소련 간의 우주 개발 경쟁이 본격화되고 1969년 인간이 달에 발을 디디면서(아폴로 11호), 경쟁이 가속화되어 오히려 우주를 무기 시험장으로 만들었어요. 그때 많은 ASAT를 연구하다가 국제사회가 평화를 위해 사용하자는 협약을 맺었는데, 2018년 트럼프 미 대통령이 우주군Space Force 창설을 하여 이젠 "우주가 평화의 공간이 아닌 전투의 영역이 되었다."라고 공론화해버렸죠. 국가의 리더가 얼마나 중요한지 알수 있어요. 우주법이 우주 공간의 평화적 이용을 규정하고 있어서 외형적으로는 우주 공간을 국경선이 없는 평화로운 곳으로 인식했는데, 결국 군사적으로 이용하고 있는 거죠. 다른 국가를 공격하기 위한 공격용 무기도 배치하고 첩보위성이나 군사적 목적의 위성들도 지구궤도에 올려놓고 있으니까요. 그렇게 되면 다른 나라들도 가만있을 수 없으니 프랑스, 중국, 일본 심지어 우리나라도 우주군 창설을 준비하고 있습니다. 하지만 평화를 주장하는 국가들이나 유럽의 몇 나라들은 어떻게 하면 우주 쓰레기를 청소할까 고민하며 장비들을 개발하고 있어요. 유럽의 어떤 회사는 위성에 로봇팔을 붙여서 지구 대기권으로 내려갈 때 파편들이 흩어지지 않고함께 소멸될 수 있는 위성을 제작하고 있어요. 그리고 그물로 우주파편들을 포획해서 지구 대기권으로 내려가는 방법도 연구하고요. 또 전자석을 이용해서 파편들을 수거하여 지구로 내려오는 연구도 진행하고 있습니다. 이처럼 우주를 평화적으로 이용하려는 노력과무기화하려는 시도가 양립하는 모순적인 상황이긴 해요. 그럼 과연 여러분은 어떤 것을 선택할까요?

인공위성의 내부는 어떻게 이루어져 있나요?

편 인공위성의 내부는 어떻게 이루어져 있나요? 모양과 구성이 궁금해요.

김 우선 위성은 영어로 표현하면 Satellite라고 해요. 여기에는 스페이스 세그먼트Space Segment, 그라운드 세그먼트Ground Segment 두 가지가 있어요. 이 중에 스페이스 세그먼트가 실제 위성을 말하며 그라운드 세그먼트는 지상에서 통신을 통해 위성을 제어하고 데이터를 수신하는 일을 담당하죠.

스페이스 세그먼트에는 여섯 개의 서브시스템이 있어요. TCSThermal Control Subsystem, EPSElectrical Power Subsystem, PSPropulsion Subsystem, TC&RTelecommand&Telemetry, SMSStructure Mechanical Subsystem, C&DHComputer&Data Handling 등이고요. 다 영문 약어를 쓰죠. 풀어서 말씀드리면 열제어계, 전력계, 추진계, 통신명령계, 구조계, 데이터처리계로 구성되어 있습니다. 간단히 설명을 하면 열제어계는 가혹한 우주환경에서 임무를 정상적으로 수행하기 위해서 전장품이 들어가는데 이러한 전장품이 안정적으로 작동할 수 있도록 열설계를 통해서 태양, 심우주, 인공위성 간의 열평형 상태

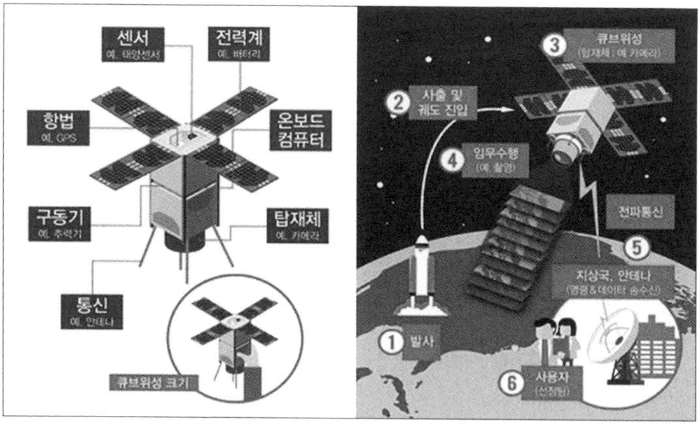

큐브위성 형상 및 임무수행 출처: 과기정통부

를 고려한 안정적 온도를 제어하는 역할을 담당하며, 전력계는 태양으로부터 얻은 전기에너지를 저장 및 분배를 통해 전장품이 작동할 수 있는 전력을 관리하는 역할을 담당하고, 통신명령계는 원거리통신을 통해서 우주 공간과 지상 간의 원활한 통신을 할 수 있는 설계를 담당하며, 구조계는 발사체로부터 전달되는 진동을 견딜 수 있는 구조체를 개발하고 각종 액추에이터에서 발생하는 미세진동과 태양전지판 전개나 발사체와 분리되는 과정에서 생기는 충격량을 분석하여 위성이 안정적으로 운용될 수 있도록 구조적 안정성을 확보하는 설계 개발을 담당, 자세제어계는 무중력 상태의 우주 공간에서 위성의 위치와 미션에서 요구하는 자세로 방향을 바꾸기 위한 액추에이터와 센서 제어를 담당, 추진계는 궤도 변경 및 유지, 빠른 기동 등을 하기 위해서 추력기를 사용하게 되는데 이 추력기를 임무에 맞게 설계 및 개발을 담당하는 부분, 통신계는 지상국과 통신을 하여 명령을 받거나 위성의 건강 상태를 체크하여 정보를 송신, 임무에서 생성된 데이터를 지상국에 내려보내는 역할을 담당, 명령계는 위성 전반 운용 모드에 관련된 비행 소프트웨어를 담당하는 서브시스템으로 구성되어 있어요. 이러한 모든 하위 구조가 서로 조화를 이루고 임무를 차질 없이 완수해야만 우주 공간에서 임무 수명 동안 버틸 수 있는 것입니다.

위성이 우주 공간에 올라가면 지구를 중심으로 궤도를 돌아가잖아요. 고도가 400~1,000km까지인 저궤도위성이 있다고 가정을 하고 생각해 볼게요. 가장 위쪽 어딘가에는 태양이 있어요. 그리고 태양이 비치는 반대쪽에는 지구 그림자가 생기는데, 그걸 식Eclipse 기간이라고 해요. 위성이 궤도를 돌다가 식 기간에 들어가면 이 구간은 온도가 영하 50℃ 정도가 됩니다. 반대로 태양이 비치는 쪽을 돌면 온도가 100℃ 정도 돼요. 이런 극한 환경에 위성이 노출되어 있어요. 그러다 보니까 전장품들이 차가운 곳에 있다가 따뜻한 곳에 있고, 따뜻한 곳에 있다가 다시 차가운 곳에 있는 걸 계속 반복

해요. 저궤도위성이니까 하루에 열두 바퀴나 돌겠죠. 그래서 전기 전자 기능을 하는 전장품들이 안정적으로 운용될 수 있도록 열제 어를 하는 거죠. 대표적인 재료로는 다층박막단열필름MLI, Multi Layer Insulation이 있는데 태양으로부터 오는 열에너지를 차단하는 위성의 옷이라고 보면 되고 TV에서 위성이 나오면 금박으로 보이는 것이 MLI입니다. 효과가 뛰어나서 상용 위성에서는 거의 다 적용하고 있고, 국내에서도 제작을 하고 있죠.

위성을 구성하는 여섯 개의 서브시스템이 어려운 개념이니까 한 번 더 설명드리겠습니다. EPS는 전력계예요. 전기, 파워 쪽이죠. 이건 태양으로부터 오는 에너지를 태양전지판에서 받아서 배터리 에 충전하는 거예요. 솔라 셀 어레이SCA, Solar Cell Array를 통해서 받은 태양에너지를 배터리에 충방전을 해서 다른 서브시스템에 그 에너 지를 주는 거죠.

그리고 PS는 추진계라고 해요. 인공위성에는 엔진이 있어서 움직이며, 궤도 유지에서부터 기동, 궤도 변경 등 우주 공간에서 자 기 위치가 아닌 다른 곳으로 이동하기 위해서는 추력기Thruster가 필 요하답니다. 요즘에는 전기에너지를 이용한 전기추력기가 전 세계 적으로 많이 연구되고 있으며, 우리도 정부에서 지원을 받아 전기 추력기 중 한 가지 방식을 개발하고 있어요. 전기추력기는 가볍고

다층박막단열필름

우주용 솔라셀

MLI 위성 장착 모습

태양전지판 전개시험

연료를 이온화하여 전기장으로 밀어내는 형식이기 때문에 궤도 유지나 심우주를 향한 임무에 많이 적용되고 있죠.

TC&R은 통신계예요. 위성에 안테나가 있는데, 그 안테나에 관련된 명령어를 올려 보내고 데이터를 내려받는 기능을 해요. 물론 GPS 안테나, 위성 안테나 등을 연구 개발하고 위성과 원거리통신을 담당하며 조율하는 역할을 하죠.

SMS는 구조계예요. 위성의 형태와 탑재 장비들의 위치를 결정해 주고 가볍고 부피를 고려해서 강건하게 만드는 업무를 수행하고 조립과 기계적인 시험을 주도적으로 수행하죠. 특히 위성의 무게는 발사 비용과 직결되기 때문에 최대한 가벼우면서 발사체의 진동에 견뎌야 하기 때문에 허니컴 패널을 사용해서 인공위성의 외부 벽면을 장착하고 있어요.

위성의 구조는 볼트와 너트를 이용해서 조립되는 집합체이기 때문에 진동에 의해서 풀리는 단점이 있어요. 그래서 구조계는 진동과의 싸움이죠. 정말 셀 수 없을 정도의 볼트 체결이기 때문에 풀리지 않게 해야만 구조가 튼튼하게 지탱을 할 수 있고, 특히 광학 임무를 수행하는 경우는 미세진동에 의해서 초점이 흐트러지면 적시에 필요한 사진을 얻을 수 없을 거예요. 안테나나 자세제어를 위한 모멘텀 휠(모터가 움직여서 힘을 만드는 장비)에서 오는 미세한

홀추력기 형상

홀추력기 연소시험

위성 접시 안테나

안테나 장착

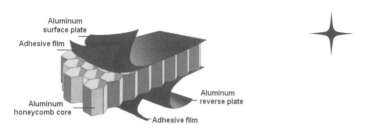

허니컴 패널 구조

허니컴 실제 사진

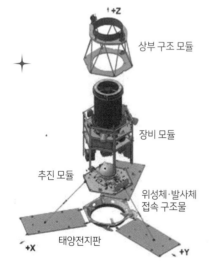

다목적실용위성 3호

다목적실용위성 5호

출처: 한국항공우주연구원

진동을 최소화하거나 최적화 설계를 통해서 광학계에 영향을 주지 않도록 설계를 하고 있고, 태양전지판을 펼 때 오는 충격Shock을 구조적으로 감쇄하는 설계를 진행하는 것이죠. 그러다 보니 위성의 형태를 다양하게 변화를 주어 임무를 수행하는데 지장이 없도록 하는 게 구조계의 최대 목표입니다.

위성은 값이 얼마예요?

편 위성은 값이 얼마예요?

김 어떤 임무가 주어졌냐에 따라 가격은 천차만별이고 크기, 무게에 따라서 발사체의 사용료가 달라지는데 상용 위성(1,000~2,000kg급)의 경우 약 2천억에서 3천억의 큰 개발비가 들어요. 소형 위성(100kg급)은 천억 정도 초소형 위성(10kg급)은 10억 정도 들어간다고 보면 됩니다. 위성에 들어가는 부품은 우주에서 검증이라는 숙제가 부여되고 이것을 증명해야 탑재를 할 수 있는데, 해당 부품을 우주급으로 인증받기 위해서는 다양한 시험을 진행해서 통과를 해야 하기 때문에 비싼 것이죠. 일례로 최근에 FPGA^Field Programmable Gate Array라는 게 나왔어요. 작은 칩(컴퓨터 CPU와 비슷)인데, 상용은 5만 원 정도 해요. 그런데 우주 FPGA는 1억 3천만 원이에요. 여러 가지 이유가 있겠지만, 국내에서는 만들 수가 없죠. 우리는 아직 부품 대부분을 해외에서 수입하고 있지만 앞으로는 국산화하려고 정부에서 노력을 기울이고 있고 우리도 그러한 정부 사업에 참여하여 소자 개발을 수행 중에 있답니다. 이게 우주 강국으로 가기 위한 아주 중요한 사업이죠.

위성이 우리 생활과 얼마나
밀접한 관련이 있을까요?

편 위성이 우리 생활과 얼마나 밀접한 관련이 있을까요?

김 위성이 Satellite라고 말씀드렸잖아요. 위성의 미션은 간단해요. 저는 개인적으로 이렇게 정의합니다.

① 우주 관측　　② 우주 탐사
③ 지구 관측　　④ 통신위성

　　우주 관측과 우주 탐사의 차이를 말씀드리면, 탐사는 직접 내려가서 뭔가 채취하고, 임무를 수행하는 거예요. Exploration이라고 하죠. 관측은 먼 우주의 별이나 행성을 보면서 우주의 신비를 풀어가기 위한 임무이고, 지구 관측 미션에 우리나라는 EO^Earth ^Observation라는 카메라를 위성에 설치하는데, 0.5~1m 사이즈를 한 픽셀로 만드는 해상도예요. 작은 사이즈가 좀 더 식별이 수월하다는 것이죠. 사람 식별은 힘들지만 차량의 종류 정도는 0.5m 해상도는 가능할 것 같아요.

각각 아리랑 2호(해상도 1m)와 아리랑 3A호(해상도 0.55m)

그리고 IRInfraRed, 적외선 카메라는 저녁에 관측할 수 있게 열을 보는 카메라를 장착해서 야간 관측을 통해 전기 소비량이나 산불 경로, 면적 등을 파악할 수 있겠죠.

그다음에 요즘에 트렌드가 되고 있는 SARSynthesizer Aperture Radar위성은 레이더를 이용해서 관측하는 건데, 위성에서 쐈다 올라오는 전파로 지형을 파악해서 그 데이터로 거리를 측정하는 거예요. 그걸 3차원으로 이미지화해서 3D 스캐닝을 하는 거죠. 이렇게 세 가지가 있는데 이 데이터들을 합성하면 더 좋은 자료가 되는 거죠. 장점은 전천후 즉 구름이 낀 흐린 날에도 레이더 전파는 통과

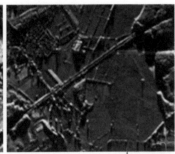

각각 IR 이미지와 SAR 이미지

를 하기 때문에 이미지 데이터를 얻을 수 있다는 강점이 있어요. 그리고 통신위성은 정지궤도위성들이에요.

　우주 관측은 심우주Deep Space라고 해서 우주 쪽을 쳐다보는 거죠. 지구가 있으면 위성이 지구 방향이 아니라 우주 방향을 보면서 우주의 별이나 행성을 관찰하는 거예요. 최근에는 위성을 이용한 중력파를 측정하는 등의 임무도 수행하고 있어요. 이처럼 우리 생활과 아주 밀접하게 위성이 이용되고 있지만 사용자는 잘 모른다는 것이죠. 어디에 미치는 지도 모르게 그냥 데이터를 쓰고 있는 거예요.

편 그럼 위성의 네 가지 역할이 우리 생활과 어떻게 관련이 있나요?

김 EO 카메라 장착으로 지구의 위성 사진을 볼 수 있어요. 구글어스도 위성 사진을 제공하고 있고 우리나라 포털에서도 위성 사진을 제공하여 위치를 공유하거나 건물, 토지 면적, 산림의 양, 하천의 변화 등을 파악하고 있잖아요. 지금 사업화되고 있는 자율주행 자동차나 도심형 무인 이동체, 자율수상 이동체 등이 다 위성 데이터를 수신하여 움직일 것으로 보이기 때문에 정부에서는 하루빨리 저궤도통신위성을 개발하려고 해요.

왜 세계 각국은 우주를 관측하고 탐사하려고 할까요?

편 왜 세계 각국은 우주를 관측하고 탐사하려고 할까요?

김 제가 생각했을 때는 인간의 궁금증인 것 같아요. 우리 인간이 앞으로 어떻게 될 것인지 궁금하고, 또 외계 생명체가 분명히 있을 거라는 생각을 하는 거 같아요. 또한 우주의 기원에 대한 탐미겠죠. 지금 보이저호나 미국이 1970~1980년대에 쏘아 올린 위성이 명왕성까지 갔어요. 명왕성에서 태양계를 벗어나고 있고요. 그런 일을 왜 하겠어요. 그 위성의 목적, 미션은 새로운 생명체가 있지 않을까라는 호기심 때문에 여러 가지 자료를 계속 실어서 보내는 거죠. 우리 인간이 지구에 있고 지구에서 어떤 활동을 하고 있다는 자료들을 그 위성이 갖고 있어요. 그렇게 1970년대에 보냈는데, 지금까지 50여 년 동안 간 거리가 이제 명왕성을 탈출한 거예요. 우리나라도 2028년에 아포피스라고 하는 우주 탐사가 계획되어 있어요. 지금 추진하고 있고요. 소행성에 랜딩, 즉 내려가서 뭔가를 채취해서 올라오는 거예요.

우리나라의 우주 탐사가 궁금해요.

📧 우리나라의 우주 탐사가 궁금해요. 아포피스 프로젝트에 대해 설명해 주세요.

🔑 2029년에 칠 년에 한 번 오는 기회가 생겨요. 소행성이 지구와 제일 가까운 거리가 되는 거죠. 거리가 약 3만km 정도 된다고 해요. 정지궤도가 3만 6천km이니 그 안쪽으로 들어온다는 것입니다. 이 소행성에 혹시 우주의 기원에 대한 비밀이 있지 않을까 탐사하는 거예요. 또 다른 이유는 행성의 형성, 생명의 기원, 태양계의 생성 과정, 지구에 물이 유입되는 기원 등에 관한 연구가 가능하고, 지구 위협 소행성의 방어에 대한 연구 가치가 있어요. 지구가 어떻게 탄생했는지 다양한 가설이 존재하는데, 인류가 소행성을 탐사함으로써 지구에 대한 새로운 사실들을 알게 되는 거죠. 그리고 어디쯤에 오겠다고 예측되는 곳에 위성을 쏘는 거예요. 이런 프로그램을 아포피스라고 표현을 하는데 우리나라도 이런 사업을 수행하고 있어요. 현재 계획하고 있는 것은 중량 350kg, 연료 150kg으로 탑재체는 광학카메라, 편광카메라, 더스트 디텍터, 자기장 측정기, 레이저 고도계 등이 실리며, 이런 탐사선이 가능하기 위해서는 발

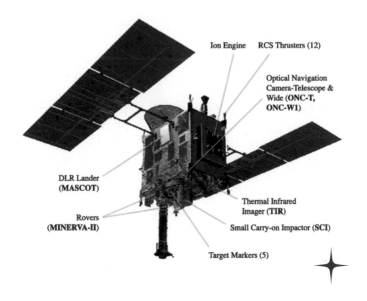

Ion Engine   RCS Thrusters (12)

Optical Navigation
Camera-Telescope &
Wide (ONC-T,
ONC-W1)

DLR Lander
(MASCOT)

Rovers
(MINERVA-II)

Thermal Infrared
Imager (TIR)

Small Carry-on Impactor (SCI)

Target Markers (5)

사체, 탑재체, 본체, 추력기, 유도/관제/항법, 통신/지상국, 궤도 계산 등의 우주 기술이 총결집해야 가능할 거예요. 어찌 되었든 아직까지 몇 나라만 이런 탐사를 했어요. 일본의 경우 하야부사Hayabusa 2가 이러한 소행성에 가서 표면에 구멍을 뚫고 토양을 채취해서 오는데 6년 정도의 기간과 엄청난 재원을 투입했어요. 캡슐로 채취한 것을 2020년 초 지구에 내려 보냈었죠.

우주 사업을 하는 기관은 어디예요?

📭 우리나라에서 우주 사업을 하는 기관은 어디예요?

📭 과학기술정보통신부 산하에 우주 사업은 천문연(천문연구원), 항우연(항공우주연구원) 이렇게 두 개의 기관이 있는데 천문연은 말 그대로 아포피스 같은 천문, 우주 관측, 우주 탐사 쪽을 하는 거고요. 아포피스 사업, NASA와 협업을 통해 여러 가지 프로젝트를 하고 있어요. 항우연은 지구 관측을 위한 일을 수행해요. 다양한 위성을 이용한 우주 관측 프로그램에 우리 정부가 참여하고 있어요. 아르테미스 프로젝트Artemis Project라고 들어보셨어요? 문재인 정부에서 2021년 5월에 아르테미스 협정을 체결했어요. 전 세계적으로 봤을 때 미국이 지금은 우주 강국이기 때문에 미국이 어떤 프로젝트를 하면 그 사업에 참여하고 싶은 국가들이 재원과 자원을 제공하고 연구나 실험에 같이 참여하는 거죠. 우주에서 해야 하는 연구가 있거든요. 무중력 상태나 진공 상태처럼 그 환경에서만 할 수 있는 실험을 위해 같이 참여하는 거예요. 지금까지 우리나라는 한 번도 못 했었는데 이번에 처음으로 하게 됐어요. 우리나라도 참여하게 된 미국 우주산업 프로젝트 이름이 아르테미스예요. 갈수록 정

부에서는 여러 부처에서 우주 개발을 진행할 계획을 가지고 있기 때문에 중복성을 잘 살펴야 하는 상황입니다. 이러한 우주 개발은 정부 조직인 과학기술정보통신부에서 개발 계획을 세우고 예산을 확보하여 한국연구재단에 사업이나 연구 과제로 진행을 하고 있으며 항우연, 천문연 등 관련 출연연구원에서 계획서를 제출하여 사업이 진행되는 구조로 진행하고 있어요.

우리나라 인공위성은 어떤 게 있나요?

편 우리나라 인공위성은 어떤 게 있나요?

김 우리나라는 과학기술정통부에서 위성개발 계획을 만들어요. 과학기술정통부에서 대부분 펀드를 대고 정부 조직으로 항우연 밑에서 수행을 하는 거죠. 여기서 만드는 위성 중에 첫 번째는 다목적실용위성KOMPSAT, Korea Multi-Purpose SATellite이 있어요. 우리는 이걸 아리랑위성이라고 불러요. 그 다음에 GKGeo-KOMPSAT가 있어요. 이건 정지궤도위성이고, 천리안위성이라고 불러요. 그다음에 민간에서 하는 게 있어요. KT에서 만드는 위성은 무궁화위성이라고 해요.

우리나라는 아리랑위성, 천리안위성, 무궁화위성 이렇게 세 가지 상용 위성이 있고요. 요즘에 새로 나오는 게 항우연에서 CASCompact Advanced Satellite라는 차세대중형위성을 만들어요. 그리고 차세대소형위성도 지금 만들고 있어요. 카이스트 세트렉이라는 곳이 있는데, 과학기술정통부에 속해있어요. 카이스트 안에 있는 인공위성연구센터예요. 여기에 있던 멤버들이 영국의 서리대학교University of Surrey에 가서 배워 와서 1992년도에 첫 우리별 1호를 발사했어요. 그 뒤에 아리랑위성, 천리안위성이 이어진 거고요.

차세대중형은 작년 12월부터 발사를 시작했으니까 앞으로 계속 가겠죠. 지금 1호부터 시작해서 5호까지 계획이 다 세워져 있으니까요. 여기에서 차세대소형위성을 만들어요. 크기가 1m 정도 되는 100kg 이하의 위성을 개발하고 있는 거죠. 지금 우리나라 위성 프로그램은 차세대소형, 중형, 컴샛, GK, 무궁화 이렇게 정리할 수 있을 겁니다.

제일 기억에 남는 인공위성이 있나요?

편 제일 기억에 남는 인공위성이 있나요? 어렸을 때부터 좋아했다든가 최근에 대단하다고 느낀 위성이 있나요?

김 제가 2012년에 아리랑 3호를 발사했어요. 제가 제작에 참여한 첫 위성이고 일본 발사장에서 최종 발사를 하는 곳까지 갔었는데 가장 기억에 남죠. 항공우주연구원에 2008년에 입사했는데 프로그램이 반 정도 진행된 상태에서 투입되었어요. 그렇게 해서 아리랑 3호를 처음으로 쏘아 올렸죠.

편 우리나라에서 위성 발사를 실패한 적은 없나요?

김 지금까지는 우리나라에서 위성을 실패한 경우는 없어요. 다 잘 올라가서 미션을 훌륭하게 수행하고 있죠. 우주환경에서 예기치 못한 상황은 발생하는 것 같지만 어찌 되었건 실패는 아니고 오작동이라고 할 수 있겠죠. 우리나라는 실패를 용납 못하잖아요.

일본 발사장에서

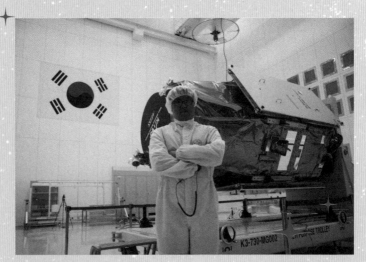

아리랑 3호와 함께

우주 강국은 어디예요?

편 기술적으로 보면 우리나라가 세계에서 어느 정도 될까요?

김 지금 10위 안에는 든다고 봐야 될 것 같아요. 그런데 부품 수입 의존도가 아직 커요. 말로는 한 80퍼센트 정도 국산화가 됐다고 하는데, 제가 봤을 때 그렇지는 않은 것 같아요. 소자나 저항, 커넥터 등 여러 가지들이 모여서 핸드폰이 되는 거잖아요. 우리나라가 아직 그런 칩들을 만들지 못해요. 유럽이나 미국에서 전량 구매를 해서 만들고 있죠. 지난번 수출 규제로 인해 우리나라가 상당히 곤란했는데 '위기가 기회'라고 하잖아요. 우리나라도 이젠 소재/부품/장비산업이 우주산업 쪽에도 시작되어 분위기는 좋아졌고, 이를 통해 우주 기술 자립도가 100프로 확보되었으면 하는 바람이네요.

편 유럽의 우주 강국은 어디예요?

김 독일, 영국, 프랑스, 이탈리아 등이에요. 전 세계적으로 봤을 때는 NASA가 있고 ESA가 있어요. NASA는 미국이고 ESA에는 유럽 국가들이 있어요. 러시아에는 Roscosmos러시아연방우주국이 있고요.

거기에 중국, 일본, 인도 이런 나라들까지 있어요.

그런데 유럽은 EU잖아요. 독일, 영국, 프랑스, 이탈리아 같은 나라들이 다 합쳐져 있는데, 그중에 독일이 첨단 기술로는 독보적이기 때문에 ESA 쪽이 좀 더 세죠. 우리나라는 처음에 NASA와 많이 했는데, 지금은 ESA 쪽으로 많이 넘어간 상태예요. 아리랑 1호를 미국 쪽과 했었거든요. TRW라는 회사였는데, 처음 해보고 나니까 여기가 정보 공개가 잘 안돼요. 그리고 기술 이전이 좀 까다롭고요. 안 되겠다 해서 그 뒤로는 ESA 쪽으로 넘어가게 된 거죠.

유럽은 다른 나라들이 모여 있잖아요. 그러다 보니까 정보와 기술 등이 무조건 오픈이에요. 그래서 우리나라도 이쪽을 따라가는 상황이고요. 기준Spec 문서를 규격서라고 하거든요. ESA는 ESCCEuropean Space Components Coordination라는 규격서를 다 오픈해 줘서 우리가 이쪽 기준을 많이 따라가고 있어요. 미국은 잘 안 해줘요.

인공위성은 앞으로 어떻게 변할까요?

📧 인공위성은 앞으로 어떻게 변할까요?

🔵 아직까지는 평화적으로 사용하고 있긴 한데, 앞으로는 무기화도 무시 못 할 것 같아요. 두 번째는 데브리스Debris 즉 우주 쓰레기를 처리하는 신산업이 발달할 것 같아요. 이미 선진국에서는 우주 쓰레기를 청소하는 임무로 사업을 하는 회사가 생겼더라고요. 또 앞서 이야기한 아포피스 탐사를 사업화해서 소행성에 가서 자원을 채취해오는 사업도 진행되고 있습니다.

물론 기존의 위성산업도 계속 발전하겠죠. 그런 표현이 있어요. 아예 맛보지 않은 사람은 있어도 한 번만 먹는 사람은 없다고요. 그만큼 맛있고 한번 먹어보면 중독성이 있다는 거죠. 위성도 똑같아요. 한번 쏘아 올리면 계속 쏘아 올릴 수밖에 없어요. 왜냐하면 수명이 있기 때문에, 반드시 대체를 해야 돼요. 계속 우주 공간에서 기상 관측을 하고, 정확한 이미지를 받았는데 10년 후에 그런 관측이 필요 없어지진 않겠죠. 지금의 위성을 대체할 수 있는 위성들을 계속 만드는 이유예요. 그래서 우리나라도 계속 위성을 개발하고 있어요.

우리별 1호	우리별 2호	우리별 3호

• 1992년 발사 • 1,300km, 48.6kg • 과학임무/지구 촬영	• 1993년 발사 • 800km, 47.5kg • 지표면 촬영/과학임무	• 1999년 발사 • 730km, 110kg • 원격탐사/우주과학

과학기술위성 1호	과학기술위성 2A/B호	과학기술위성 3호

• 2003년 발사 • 690km, 106kg • 원자외선/우주물리	• 2009/2010년 발사 • 300×1,500km, 100kg • 라디오미터/레이저	• 2013년 11월 발사 • 600km, 170kg • 과학관측/우주기술검증

우리나라 소형 위성

출처: 인공위성연구센터

　　군 쪽에서 개발하는 위성도 있고, 대학교에서 연구하는 위성도 있어요. 우주산업 분야는 전망이 좋아요. 과거에 우리나라가 조선, 반도체, 자동차를 밀었다면 지금은 위성산업 강국이 되는 목표를 갖고 있어요. 이런 걸 보면 앞으로는 소형 위성이 대세로 가지 않을까요. 여러 개의 위성을 군집으로 올리는 시대가 도래했어요.

나로호, 누리호 발사가 왜 중요한가요?

📩 나로호, 누리호 발사가 왜 중요한가요?

📦 나로호는 두 번 실패하고 마지막 세 번째에 성공했어요. 로켓이죠. 진짜 명칭은 로켓이 아니라 발사체라고 해요. 나로호의 목적은 100kg 탑재체를 올리는 거예요. 결국은 위성을 쏘기 위한 거거든요. 여기에 위성 대신 탄두나 무기를 넣으면 미사일이 되는 거고요. 이처럼 우주궤도에 올려야 하는 것이 발사체인 거예요. 그래서 발사체가 없으면 위성을 임무궤도에 올릴 수 있는 방법이 없는 거죠. 물론 우리는 평화적인 목적으로 발사하는 거니까 나로호에는 SAT(위성)이 들어가 있어요. 어찌 됐건 그때도 쏘아 올려야 되니까 1차를 위해서 위성을 만들었어요. FM 모델이라는 좋은 모델인데, 1차가 실패해버렸잖아요. 그래서 QFM이라는 쌍둥이 모델을 만들어서 2차에 쏘아 올렸죠.

위성은 일반적으로 FM Flight Model, EM Engineering Model, QFM Qualification Flight Model 이렇게 세 가지 모델을 만들어요. QFM은 PFM이라고 표현하기도 하고요. EM은 엔지니어링 모델, 공학모델이라고 하여 기능적인 성능을 확인하기 위한 모델을 만들고,

FM은 실제 위성에 탑재한 비행 모델이에요.

우리가 사업을 처음 시작할 때 공학적인 검증을 하기 위해서 테스트를 해요. 열진공, 진동, 전자파 이런 테스트들을 계속하는데 QFM과 PFM은 실험을 하고 FM은 환경시험을 인증 수준으로 하지 않아요. 왜냐하면 실제로 올라가야 되기 때문에 지상에서 스트레스를 주면 수명이 단축된다고 판단하거든요. 대신 QFM과 FM은 형상, 기능, 재료까지 모든 걸 똑같게 제작해요. 만약 열진공 테스트를 할 때 기준이 마이너스 50~80도까지 12 사이클을 돌린다고 하면 QFM을 조금 더 가혹하게 해요. 마이너스 60~90도까지 15 사이클을 돌려 보는 거죠. 왜냐하면 이 정도로 강하게 테스트를 했는데도 QFM이 통과가 되면 설계가 잘 됐다고 생각하기 때문에 FM에 적용을 하는 거죠. 나로호 1, 2차가 실패해서 FM도 우주궤도 안착에 실패했어요. QFM도 자기궤도 올리는데 실패했기 때문에 3차에는 위성을 어떻게 할 건지에 대한 질문들이 있었죠.

🔳 이 경우는 위성이 실패한 게 아니라 발사체가 실패한 거잖아요.

🔳 그렇죠. 발사체를 실험한 거니까요. 나로호가 이렇게 한 꼭지 있고 이제는 누리호가 있는 거죠. 누리호 로켓인데, 정확한 명칭은

한국형 발사체예요. 전체 무게가 75톤, 길이가 50m 정도 돼요. 이처럼 다음이 누리호인데, 주 미션은 달 탐사예요. 지금 개발하고 있는데, 달 탐사 위성을 발사하겠다는 목표로 하는 거죠. 지금까지는 한 개만 만들어서 쏘는 거였잖아요. 그런데 발사체 네 개를 붙여요. 거기에다 달 탐사 위성을 넣어서 달에 보내겠다는 목표로 하는 게 누리호예요. 나로호는 끝났고 누리호가 진행이 되는 상황이죠. 반드시 성공해서 우리나라도 자국 발사체를 가지면 좋겠어요. 그래야 인공위성이 준비되면 바로 발사할 수 있어요. 해외에서 쏘니까 여러 가지 애로사항이 많아요. 우선 비용도 더 들고, 그 나라까지 실어 날라야 하는 등 정말 신경 쓰이는 일이 많죠. 심지어 다 조립하고 1년을 지상에서 보관한 적도 있어요. 이런 상황은 위성의 수명에 영향을 주기도 해요.

편 다음 발사는 언제인가요?

김 2022년 5월이요. 위성이 100kg인 것 같아요. 2021년에 있었던 1차 테스트가 Flight 테스트를 한 건데, 한 개를 쏘아 올려본 거예요. 그리고 내년 5월에는 검증 위성을 쏘아요. 검증 위성이 발사체에 들어가서 우주 환경에 올라갔을 때 진동도 생기고 여러 환경에 노출이 되는 거죠. 이 발사체를 검증하기 위한 위성을 쏘는 거예

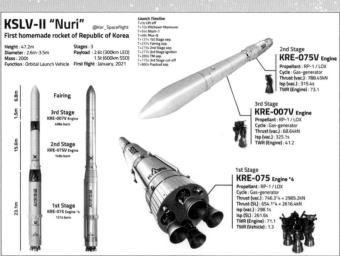

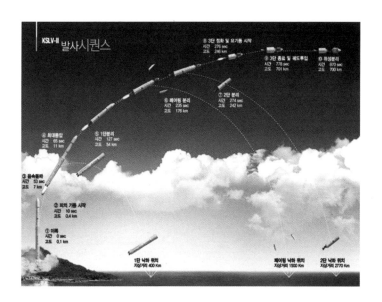

요. 그래서 검증 위성이라고 하죠. 지금 누리호는 그렇게 만들어지고 있어요.

편. 그런데 왜 명칭이 한국형 발사체라고 붙은 거예요? 우리 기술로 다 만들었다는 건가요?

김. 그렇진 않고요. 한국 상황에 맞게 만든 위성이라는 거죠. 실제 정부의 사업 과제명은 한국형 발사체예요.

우주 정거장에서 계속해서 살아가며

인공위성개발자가 되려면 어떻게 해야 하나요?

편 인공위성개발자가 되려면 어떻게 해야 하나요? 어떤 과정을 밟아야 하죠?

김 우선 항공우주학과가 있는 학교에 가서 우주환경 및 궤도역학을 배워야 해요. 일반적으로 중고등학교 때 지구과학을 배우기는 하지만 인공위성이 어떻게 발사가 되고 어떤 원리로 만들어지는지 배워야겠죠. 그리고 무엇보다 중요한 것은 강한 의지를 가지고 꿈을 계속 키워야 해요. 포기하지 말아야겠죠. 우리나라는 점수에 맞춰서 월급 많이 주는 직업을 선택하는 경우가 많아요. 하지만 나중에는 후회하는 사람들도 많아요. 딱 한 번 사는 삶인데 하고 싶은 일을 하면서 사는 게 의미 있지 않을까요. 물론 저도 제 꿈을 지키는 게 힘들었지만 한 우물만 파면 언젠가는 물이 나오는 것처럼 꾸준하게 도전해 보는 게 중요한 거 같아요. 그리고 수학과 과학은 좋아하고 또 잘해야 해요. 인공위성은 전부 수학적인 논리로 만들어져요. 설계 다음 과정이 Analysis 즉 해석인데, 해석은 다 수학적인 거예요. 수학적인 관점에서 보는 거죠. 경력이 쌓이면 직관력이 생기지만 그것을 남에게 설득하기 위해서는 데이터가 필요하고 그 데이터가 의미하는 물리적인 원리를 알아야만 합니다. 군이 대형 위성이 아닌 초소형 위성을 만들어보는 것도 좋을 것 같아요. 기회는 준비한 사람에게만 주어지거든요. 그리고 여러 전공 분야가 다 들어가는 위성이기 때문에 어떤 공학을 전공하더라도 위성 쪽은 다양한 분야를 채용하는 경우가 많아요. 그러니까 자신이 관심 있는 분야를 지속적으로 공부하면서 기회를 보면 될 것 같아요. 정부에서는 인력양성사업이라는 것도 진행하고 있으니 위성을 배울 수 있는 커리큘럼을 찾아보면 접할 수 있을 거예요.

편 학생들이 항공우주학과를 진학하면 학교에서 프로젝트를 할수 있죠? 졸업한 다음에는 어떻게 해야 되나요?

김 국내에서는 대학교에서 초소형 위성 경연 대회가 있지만 외국의 경우에는 고등학교에서 하고 있어요. 우주 쪽에 관심이 있는 학생들에게 인공위성을 미리 접할 수 있는 기회를 주면 보다 많은 학생들이 꿈을 키워 항공우주산업 인재로 투입될 거예요. 빨리 접하는 게 가장 좋다고 생각합니다. 인공위성 연구 개발을 진행하는 학교를 검색해 보시기 바랍니다. 그리고 졸업을 하면 좀 더 세밀하게 자기 분야를 찾아가는 거죠. 위성의 여러 분야 중 자신이 관심 있는 분야를 찾아가야겠죠. 앞에서 설명한 여섯 개 분야를 떠올려 보면서 자신의 미래를 그리고 찾아가야 합니다.

2021년
뉴스페이스 리더
1기 모집

대한민국 최초의 인공위성 우리별 1호를 제작 및 발사하고, 첨단 소형위성의 개발 및 운용, 핵심 우주기술 선행연구를 수행하고 있는 KAIST 인공위성연구소에서는 국가 우주개발 사업을 주도한 연구기관으로 축적된 체계개발 노하우의 민간전파 및 초소형위성 체계전문가 인력양성을 진행하고자 합니다.
우주개발기관의 체계개발 사업에 직접 참여하고, 전문가로부터 도제식 교육을 통해 위성시스템 엔지니어링이 가능한 수준의 최고급 전문인력 양성교육에 참여할 인원을 선발합니다.

모집공고

▌응시자격	석사 이상 학위 소지자 ('21년 8월 졸업예정자 포함) / 학사 후 3년 이상 경력자
	우주, 기계, 제어, 전기, 전자, 정보, 통신, 물리 등 우주개발 관련학과 전공자
▌모집분야	위성시스템 (위성 본체, 탑재체, 지상 시스템) 개발 관련 분야
▌접수기간	21년 6월 17일 ~ 21년 7월 9일
▌근무기간	21년 08월 ~ 22년 12월 (17개월)
▌모집인원	10명
▌지원내용	급여 3,200만원 (총액 연봉/세전 기준) / 정부 및 기업 지원 연구개발과제 참여 /
	취업 활동 지원 / 성적우수자 포상

교육과정 및 내용

▌기본 이론 강의 - 분야별 집중교육 - 단기 프로젝트 - 실무 교육

• 약 1년 과정 교육 이수 후 평가를 통해 수료증 발급

선정절차

▌서류 접수 - 서류 심사 - 발표 평가 및 면접 - 최종 선발

관련문의

| ▌문의 | satrec@kaist.ac.kr / 042-350-8637 |
| ▌모집 세부사항 | 홈페이지 참고 http://satrec.kaist.ac.kr |

KAIST 인공위성연구소

인공위성개발자가 되기 위해
지금까지 어떻게 노력하셨나요?

편 대표님은 인공위성개발자가 되겠다는 목표를 가진 이후부터 어떤 노력을 하셨나요? 학창 시절부터 항공우주연구원 입사 과정, 지금까지 자세하게 들려주세요.

김 저도 인공위성에 대한 꿈은 어려서부터 막연하게 가졌지만, 구체적인 인생의 목표를 결정한 건 군에 있을 때였어요. 그때 많은 생각을 했던 것 같아요. 새벽에 근무를 나가면 총을 메고 별을 바라봤어요. 밝은 달을 보면 왜 그렇게 기분이 좋을까요? 그리고 궁금했어요. 달 뒷면엔 진짜 뭐가 있을까? 화성은 진짜 인류가 살 수 있는 환경일까? 학교 탐방에 대해 쓴 책을 보았는데 러시아 항공우주 기술에 대한 설명이 있었고 인공위성을 다루어서 그때 위성의 존재를 알게 되었죠. 대학교에서는 설계에 관심을 가지고 3D Modeling을 할 수 있는 CATIA(3차원 컴퓨터 지원 설계 프로그램)를 접했어요. 그때는 쉽게 접할 수 없는 프로그램이었는데 지인을 통해서 배울 수 있었고, 강의를 할 수 있는 수준까지 되었죠. 그리고 석사 때 지도 교수님이 인공위성 열제어를 전공하셨던 분인데 무궁화위성 총 책임도 하셨고, 항우연 초대 원장님이셨어요. 교수님께서 NASA에서 사용하는 열해석 프로그램을 소개해 주셨고 항공우주연구원 실무진과 연결해 주셔서 인공위성 열해석을 연구하고 실험했습니다. 졸업 논문도 공역가열이 주제였지만 열해석은 그 실험을 이용했었죠. 박사 학위로 국내 1호 초소형 위성을 제작했습니다. 그리고 항공우주연구원에 입사하여 실제 상용 위성인 아리랑 3호를 시작으로 위성 연구 개발에 직접 뛰어들게 되었습니다. 처음에는 '내 지문을 위성에 찍어보겠어!'라는 마음을 먹었는데 이 생각은 대단히 위험한 생각이더라고요. 위성을 제작할 때는 무조건 라텍스 장갑을 끼고 작업을 하기 때문에 지문이 남을 수도 없지만 만약 지문을 묻힌다면 지문도 사람의 기름이기 때문에 나중에 우주환경에 노출되면 인공위성의 오염원이 되어 카메라 경통까지도 영향을 줄 수 있다는 걸 알게 되었죠. 아무튼 꾸준히 한 방향으로 뚜벅뚜벅 걸어가면 언젠가는 정상에 도착하는 법이죠. '10만 시간의 법칙'이 있어요. 사회에 성공한 사람을 조사해 보니 10만 시간을 그 분야에 몰두하더라는 겁니다. 약 10년의 세월을 투자해야 뭔가 이루어지는 건가 봐요. 여러분은 지금부터 시작입니다.

인공위성을 개발하고 싶다면
기관에 들어가야 되나요?

편 인공위성을 개발하고 싶다면 항우연이나 천문연 같은 기관에 들어가야 되나요?

김 네. 맞아요. 그런 기관이나 항공우주산업 분야에 진출한 기업에 들어가야죠. 다들 인공위성을 하고 있는 회사들이니까요. 기업들의 경우 공채로 뽑아요. 그런데 위성은 신입보다 경력직을 많이 채용하기 때문에 신입으로 들어가기가 좀 힘들긴 해요. 대학교에서 아무리 배운다고 해도 실무에서는 좀 부족하니까요. 다만 개발 툴이나 프로그램들을 미리 잘 공부해 놓고 활용하면 좀 더 수월하게 취직할 수는 있겠죠. 그리고 국내 유수의 기업들이 항공우주를 하고 있으니 그런 회사에 입사하면 위성을 제작할 수 있는 기회를 가질 수 있으며 시스템 개발이 아니더라도 인공위성에 들어가는 전장품을 개발하는 업체가 있다면 그곳에서 충분히 개발 절차를 배울 수 있어요.

기관의 공채 시험 정보는 어디에서 확인하나요?

편 항우연, 천문연 같은 기관의 공채 시험 정보는 어디에서 확인하나요?

김 공채 시험이라고 해서 시험을 보는 건 아니고요, 프레젠테이션 발표 및 평가, 면접 평가 등을 거쳐요. 천문연이나 항우연 사이트에 들어가면 공채 정보가 나오고, 항공우주학회에 들어가면 항공 관련된 동향이나 채용 정보까지 있어요. 이 학회를 잘 활용하면 좋아요. 대학에 가게 되거나 이쪽에 관심이 있다면 꼭 보세요. 모든 이슈들은 학회를 통해서 자료가 올라오고 홍보가 돼요. 그리고 과학기술정통부 사이트에도 과학기술 정책이나 예산 편성 같은 정보들을 다 오픈해 놓기 때문에 읽어보면 도움이 되죠.

운영기관	홈페이지
한국항공우주연구원	www.kari.re.kr
한국천문연구원	www.kasi.re.kr
한국방위산업진흥협회	www.kdia.or.kr
한국우주과학회	www.ksss.or.kr
항공우주시스템공학회	www.sase.or.kr
한국항공우주학회	www.ksas.or.kr

학생들이 신경 써서 노력해야 되는 과목이 있나요?

편 학생들이 신경 써서 노력해야 되는 과목이 있나요?

김 결국은 과학과 수학이에요. 공학자라면 수학과 과학을 이해하고 있어야만 물리적인 현상을 논리적으로 해석할 수 있을 것 같아요. 잘 하면 금상첨화죠. 공부는 즐기면서 해야 하는데 우리나라 현실에서는 어려워요. 흥미를 갖는 방법은 수학과 과학의 역사부터 공부하면 좋겠어요. 가우스라는 수학자가 있는데 어렸을 때 선생님이 1, 2, 3… 10까지 더하면 얼마냐고 물어봤어요. 다른 학생들은 주판이나 손가락을 써서 열심히 계산했는데 가우스는 바로 답이 나왔답니다. 너무 신기한 나머지 선생님께서 "넌 어떻게 셈을 잘하니? 비결이 뭐야?"라고 질문하셨죠. 1+10=11, 2+9=11, 3+8=11 이런 식으로 계산하면 11×5=55가 된다고 답했답니다. 정말 천재는 다르죠. 그렇게 해서 나온 것이 수열이라는 분야예요. 이런 식의 에피소드나 역사를 알면 수학과 과학이 좀 흥미로울 것 같아요. 과학도 우리가 아는 유명한 과학자의 재미난 이야기를 먼저 알아보고 접근하면 좀 더 재미있을 겁니다. 뉴턴, 아이작, 파인만은 노벨상을 탄 천재들이지만 그들도 사람인지라 다 각자의 삶이 있어서 우리와 별반 다르지 않다고 생각합니다. 다만, 자기 분야에서 좀 독특한 생각과 끊임없는 자기 질문을 던졌겠죠. 그걸 정리하고 진리를 찾아가는 여정을 해낸 게 쉽지는 않았을 겁니다. 수학과 과학, 수학자와 과학자의 이야기를 찾아보면서 공부를 해보는 것도 하나의 방법입니다. 그리고 더 중요한 건 열정이라고 생각해요. 인공위성을 개발하고자 하는 열정이 있어야 해요. 그렇지 않으면 어려움 앞에서 그만둘 핑곗거리만 찾게 되는 게 사람입니다. 여러분이 하는 공부도 인생에 반드시 도움이 된다는 걸 의심하지 말고 열심히 하기를 바랍니다. 응원하겠습니다.

특별히 필요한 자질이 있을까요?

편 인공위성 개발을 하려면 특별히 필요한 자질이 있을까요?

김 남들에 대한 배려가 필요해요. 회의가 많기도 하고, 또 공학도들이 고집이 되게 세요. 자기가 설계한 거에 대해서 누가 반론을 제기하면 엄청 반박하고 싫어하죠. 그거에 대해서 뭐가 잘못됐는지, 어떻게 잘못됐는지, 어떻게 해야 하는지 서로 입증해야 돼요. 다른 사람을 계속 설득해야 하고요. 그리고 인간에 대한 이해심이 필요해요. 대화에도 능숙해야 하고요. 청소년기에 책을 많이 읽어서 논리를 쌓아가세요. 수학과 과학이 결국은 논리거든요. 이 일 자체가 논리적으로 남을 설득해야 하는 일이라 수학과 과학이 중요해요. 당연히 공식은 알겠지만, 공식을 대입해서 풀어가는 과정에는 논리가 필요해요. 사고의 폭이나 깊이가 커야 하고, 논리적으로 만들어가야 하는데 가장 도움이 되는 것이 독서와 수학, 과학에 대한 깊은 이해라고 생각해요. 잘난척하는 것 같지만 저는 지금도 공부를 하고 있답니다. 미적분을 풀지는 못하지만 책을 통해 논리를 정립하고 있어요.

수학이나 과학을 못하면 이 일을 못할까요?

편 수학이나 과학을 못하면 아예 발을 안 들이는 게 좋겠네요.

김 꼭 그렇진 않아요. 심리학, 언어학, 인문학도 중요해요. 우리가 만약에 정말 외계인을 만난다면 심리학이나 인문학이 중요하겠죠. 영화 〈콘택트〉를 보면 언어학자가 외계인의 말을 해석하고 풀어가는 내용이 있어요. 그런 식으로 언어학자도 필요할 것 같아요. NASA의 인력 채용 범위를 보면 우주항공 분야에 어떤 학문이 필요한지 알 수 있어요. NASA는 다양한 학문을 이용하거든요. 만약 화성에 사람이 탐사를 가면 몇 개월 동안 우주선이라는 밀폐된 공간에 갇혀 있게 되잖아요. 사람이 그 상황을 견딜 수 있는지 연구하는 프로그램도 지금 하고 있어요. 이런 경우는 심리학이나 의학 등의 전문가가 필요하겠죠.

유리한 전공이나 자격증이 있나요?

편 유리한 전공이나 자격증이 있나요?

김 유리한 전공은 당연히 항공우주학과를 가는 게 좋고요. 학과 중에 시스템 엔지니어링이라는 새로운 학문이 있는데 그것도 괜찮아요. 자격증은 인공위성 자체가 공부를 계속해야 하는 분야여서 중요하게 여기지는 않아요. 그래도 위성 분야에서 최근에 주목받는 자격증이라면 PM(프로젝트 매니지먼트)이라는 국제 자격증이 있어요. 국내의 기사나 기능사 자격증은 아니에요. 그리고 유럽에 ESA가 있기 때문에 유럽에서 딸 수 있는 자격증들이 있어요. 우리에게는 위성을 조립하는 작업자가 굉장히 중요하거든요. 그래서 납땜을 하나 하더라도 해당 작업자가 서티Certification 자격이 있는지 없는지 확인하고, 자격이 있는 사람만 작업을 할 수 있어요. 솔더링 같은 자격증이 있으면 좋죠. 하지만 엔지니어들은 따로 자격은 없으니 흥미를 가지고 접근하는 게 제일입니다.

대학을 졸업하지 않으면 개발은 할 수 없는 거죠?

편 대학을 졸업하지 않으면 개발은 할 수 없는 거죠?

김 작업자는 가능지만 우리나라 상황에서 개발자는 될 수 없을 것 같아요. 주변에 대학을 나오지 않은 엔지니어는 없으니까요. 그건 외국도 마찬가지예요. 어느 정도 고등교육을 받는 게 좋아요. 문제가 안 풀리면 스트레스가 커지고 결국 자신이 제일 힘들어지니까요.

편 대학원을 꼭 진학해야 되나요?

김 석사까지 마치고 개발자로 들어오시는 분들도 있지만, 박사까지 마치고 들어오는 분들이 한 80퍼센트 돼요. 학부만 졸업하고 들어오는 사람은 거의 없어요. 항공우주학과 안에 드론도 있고 비행기도 있고 위성도 있고 우주도 있고 다양하게 다 배워요. 그런데 대학원을 간다는 건 그중에 하나를 선택해서 세밀하게 들어간다는 거죠. 여러 가지 중에 인공위성을 선택하고 그중에서도 열제어를 하겠다고 한다면 더욱 깊이 있게 들어가는 거예요. 논문도 쓰고요. 그러니까 아무래도 대학원을 가는 게 인공위성개발자가 될 확률이 더 높죠.

어떤 사람이 이 분야에 들어와서 일하면 좋 을까요?

🔲 어떤 사람이 이 분야에 들어와서 일하면 좋을까요?

🔲 저는 전공보다도 자기 꿈을 인공위성개발로 정한 사람이면 좋겠어요. 어차피 경력자가 아닌 이상 신입이라고 하면 다 비슷해요. 일을 하려면 가르쳐야 되거든요. 선배로서 어떤 걸 한번 해 봐라, 이런 게 더 좋을 거라는 식으로 기술에 대한 방향은 제시해 줄 수 있어요. 하지만 그 길을 가기 위해서 제일 필요한 건 근성과 근면함, 성실함이에요. 그러니까 일을 진행하면서 결과물이 잘 안 나오더라도 그 사람의 꿈이 인공위성 개발이라면 방향은 누구라도 계속 제시해 줄 수 있겠죠.

이 분야와 맞지 않는 사람이 있을까요?

편 이 분야와 맞지 않는 사람이 있을까요?

김 창의적인 사람은 우주항공 분야가 안 맞을 수도 있어요. 좀 전에 얘기했듯이 우주 헤리티지가 있어야 되잖아요. 오히려 창의적이고 새로운 건 없는 것 같아요. 기존의 기술을 계속 증명하고, 오류를 입증하는 일이 많아요. 새로운 뭔가를 시도하는 건 거의 없어요. 창의적인 사람들은 그보다 큰 틀에서 할 수 있는 것들을 찾아야죠. 만약에 정부가 항공우주의 새로운 방향을 제시해야 한다면 그때는 창의적인 아이디어가 필요하겠죠. 그리고 달 탐사를 할 때, 새로운 미션은 어떤 걸 할 건지 정해야 하는데 그런 부분은 창의성이 필요할 거 같아요. 꼭 맞지 않는 사람은 없다고 봅니다. 사람이 하는 일인데 서로 협업하면서 앞으로 전진하다 보면 어느덧 완성해서 우주에 있을 것이니까요. 하지만 간절함은 있어야겠죠.

청소년들은 무엇부터 시작하면 좋을까요?

📖 이 책을 읽는 청소년들은 무엇부터 시작하면 좋을까요?

📘 우주 관련된 책들이 많아요. 그런 책들을 계속 읽어보면서 관심을 이쪽 방향으로 돌려야 되겠죠. 저는 뉴턴 잡지를 추천하고 싶어요. 역사가 오래된 잡지거든요. 저도 어렸을 때 봤으니까요. 뉴턴 잡지를 보면 우주 관련된 챕터가 꼭 있어요. 위성 관련된 정보도 있고요. 위성에 대해서 가끔 시리즈로 실리기도 해요. 그런 잡지에 관심을 두면 좋겠어요.

요즘 소프트웨어 관련된 이슈들이 많잖아요. 위성 안에도 다 소프트웨어가 들어가요. 아두이노Arduino나 라즈베리 파이Raspberry Pi처럼 하드웨어에 프로그램을 넣는 것들이 있어요. 그걸 임베디드 시스템Embedded System, 내장형 시스템이라고 하는데요. 그런 것들에 대해서 관심을 가지고 조금씩 알아보면서 청소년 시절에 로봇을 만들어 보는 것도 많은 도움이 될 거예요. 청소년들은 자기가 좋아하는 위성, 드론, 비행기 등 무엇이라도 좋으니 목표를 정해서 직접 만들어보는 게 큰 도움이 될 거 같아요. 하나부터 열까지 직접 만들어보는 게 중요해요. 집착하라는 것은 아니고 지속적으로 꾸준히 하면 뭐든지 된다고 봅니다. 방향을 잘못 잡고 이리저리 왔다 갔다 하겠지만 한 방향으로 가면 결국에는 내가 원하는 곳에 도달할 수 있을 거예요. 하지만 이때 고려해야 할 것은 돈이 아니라 시간이죠. 누구에게나 똑같은 시간이 주어지기 때문에 주변 친구들보다 늦게 입문해도 되지만 너무 늦어버리면 주변 가족이 힘들 수 있으니 많이 고민하고 좋은 시기에 결정해서 노력하면 좋겠어요.

『Cosmos』의 저자 Carl Sagon

청소년 시절에 봤던 책 중에 기억에 남는 책은요?

편 청소년 시절에 봤던 책 중에 기억에 남는 책이 있나요?

김 칼 세이건의 『코스모스』라는 유명한 책이 있어요. 저자는 우주 분야에서 굉장히 권위 있는 사람이에요. 우주에 대한 책인데 저는 중학교 때 처음 봤을 때 전문 용어가 생소해서 좀 어려웠어요. 그래도 책 안에서 내가 궁금한 것들을 찾아보는 재미가 있었던 것 같아요. 거의 바이블 같은 책이라서 우주에 관심 있는 친구들은 대부분 다 읽었을 거예요. 유튜브에도 과학 채널들이 꽤 많아요. 저는 채널 〈과학하고 앉아있네〉를 많이 시청했어요. 내셔널 지오그래픽 사이트에 들어가면 우주 중력파 등 우주에 대한 다양한 정보들을 검색할 수 있어요. 그런 걸 자주 찾아보는 것도 흥미를 유지하는 방법인 것 같아요.

미우주에서 바라본 지구

기관에 합격하면 위성 개발에 바로 투입되나요?

📝 기업이나 항공우주연구원 같은 기관에 합격해서 개발자가 되면 위성 개발에 바로 투입되나요?

📝 대부분 바로 실무에 투입돼요. 물론 프로젝트를 맡는 건 아니에요. 학문적으로는 배웠지만 누구나 실무에 들어가면 잘 못하잖아요. 그래서 사수가 있죠. 현업에 바로 투입이 되지만 사수의 보조부터 시작한다고 보면 돼요. 보통 1~2년 정도 걸리는 것 같아요. 사수 밑에서 어느 정도 배우다가 기술 능력이 올라가고 실무적인 능력을 갖추게 되면 그때 프로젝트에 맞춰서 열제어 등의 다른 담당을 맡게 되죠.

📝 중간에 퇴사를 하는 경우도 많나요?

📝 그렇지는 않아요. 대부분 그만두는 이유는 크게 두 가지예요. 저처럼 좋은 아이템으로 사업을 하거나, 아니면 교수가 돼서 그만두는 거죠.

편 남녀 성비는 어떤가요?

김 8대 2, 8대 1정도로 여자가 굉장히 적어요. 여자들이 이 분야에 관심이 덜한 걸까요? 다른 조건이 없거든요. 오히려 여성을 더 우대해 주고 지원도 많이 하는데 실제로는 많지 않아요. 제가 근무할 때 위성 파트만 70~80명 정도였는데, 여성이 열 명도 안 됐어요. 대신 함께 일했던 여성들을 보면 대부분 해외에서 박사학위를 딴 분들이었죠.

휴가 및 복지제도, 연금제도에 대해서 알고 싶어요.

편 연봉이 어떻게 되나요?

김 항공우주연구원의 연봉은 대기업보다 적어요. 대기업 연봉 기준으로 천만 원에서 2천만 원 정도 내려서 기준을 잡아요. 핸드폰도 전자 쪽이니까 S사, L사에서 오는 분들이 있어요. 핸드폰은 매일 밤새우고 업무 강도가 세다고 하더라고요. 그 당시에는 핸드폰이 계속 업데이트돼서 새 제품이 나올 때니까 일주일씩 못 들어간대요. 그리고 L사의 TV 패널을 설계하던 분들도 있었어요. 연봉은 차이가 있지만, 그만큼 업무 강도가 다르니까 선택하신 거 같아요.

편 항우연이나 천문연 같은 기관은 대부분 정년퇴직을 하시나요?

김 이직할 일이 거의 없고, 조직의 역사가 길지 않기 때문에 정년퇴직하는 분들이 이제 생기는 시점이에요. 그분들이 앞으로 어떻게 될지는 아직 모르죠. 해외에 나갔다 오거나 하이 스펙인 사람들은 나중에 대부분 나가서 교수직을 많이 하는 것 같아요. 그럼 기관 입장에서는 아쉽죠. 4~5년 있다가 교수로 가버리면 손실이니까요. 또 새로운 사람을 뽑아야 되고, 그만큼의 숙련 시간이 또 필요하니까 교수로 이직할 가능성이 높은 사람들을 오히려 기피해요. 사실 항우연이 기계연구원 부설 연구소로 작게 시작했거든요. 저희 지도 교수님도 이때 같이 시작하셨던 분이고요. 기계연구원의 분원으로 작게 시작해서 조직이 커질 때 다양한 분야의 사람들이 채용된 것 같아요.

인공위성개발자들만의 특징이 있나요?

편 항우연에서도 오래 근무를 하셨는데 인공위성개발자들만의 특징이 있나요?

김 대부분 꼼꼼하고 근성이 있어요. 자기한테 주어진 임무는 끝까지 완수하려고 하죠. 어떤 어려움이 있으면 피하려고 하지 않고 정면 승부하려는 성향이 강해요. 그게 근성이겠죠. 물론 성격적으로 봤을 때는 항우연도 700~800명 되는 큰 조직이니까 정말 다양한 사람들이 많아요. 그만큼 이 분야는 배려와 소통이 중요해요. 인간적으로 성숙되어 있어야 해요.

편 다들 공부를 잘하셨겠네요.

김 그럼요. 그런데 분명한 건 공부를 잘하는 것과 일을 잘하는 건 달라요. 일머리라고 하죠. 뭔가가 주어졌을 때 다른 사람들도 이해하지 못하는 걸 쉽게 정리하는 사람이 있는가 하면 그렇지 못한 사람들도 있어요. 대부분 공부를 잘했고 굉장히 영리한 사람들이 모이니까 대부분은 일을 잘하더라고요.

인공위성개발자라고 하면 사람들이 뭐라고 하나요?

편 직업이 인공위성개발자라고 하면 사람들이 뭐라고 하나요?

김 대단한 일 한다고 칭찬하는 분도 있고, 재미있겠다고 부러워하시는 분도 있어요. 우리 집 아이들은 신기해해요. 연구원에 몇 번데려간 적이 있어서 대충은 아는 것 같아요.

편 부모님께서는 이 일을 처음부터 지지해 주셨나요?

김 부모님은 저한테 뭘 바라는 게 없으셨어요. 그냥 농사꾼이세요. 고등학교 때 전주로 유학을 갔죠. 전주에서 고등학교를 졸업하고 항공대에 입학했어요. 그렇게 서울에 있다가 대전 항공우주연구소에 들어갔죠. 가족들과 주말만 함께 지내다가 다 같이 대전으로 이사해서 지금까지 살고 있어요. 항우연을 그만둘 때는 부모님께서 걱정을 많이 하셨어요. 그래도 제 성향을 잘 아시잖아요. 마음먹으면 무조건 한다는 걸 알고 계시니까 지금은 당신들 마음에 들지 않더라도 잘하겠거니 믿어주고 응원도 해주시고 지켜봐 주세요.

📱 개발자에서 경영자로 바뀌신 건데 어떤 차이가 있나요?

🔲 경영은 완전히 다른 세상인 것 같아요. 개발과 경영은 정말 달라요. 지금 회사에서 개발은 개발자들이 담당하죠. 물론 저도 인공위성 개발을 쭉 해왔으니까 제가 알고 있는 것들을 공유하고 만약에 시험 발사를 한다면 어디에서 어떤 조건으로 하면 되는지 알려드리죠. 제가 던져놓으면 개발자들이 다 알아서 하고 있어요. 저는 개발보다는 경영과 영업적인 면으로 많이 움직이고 있고요. 현재는 초소형위성사업 분야를 진행하고 있으며, 해외에서 대부분 구매해 오는 제품을 국산화하기 위해 노력하고 있답니다. 그리고 국내 굴지의 기업들에게 우주산업에 대한 진입장벽을 낮추기 위한 조언과 방법을 컨설팅하면서 우리가 할 수 있는 새로운 아이템 발굴도 하고 있지요. 항공우주는 정부를 상대로 하는 사업이기는 하지만 언젠가는 국민의 편의를 위한 사업으로 전환하고 싶어요. 핸드폰에 들어가는 작은 아이디어라도 좋아요. 전 국민이 사용하니까 돈은 많이 벌겠죠. 항상 이런 고민을 하는 게 사업인 것 같아요. 물론 연구자로서 기술에 대한 목마름은 항상 있는데 이젠 시간이 허락하지 않네요. 그래도 틈틈이 연구를 해 나가려고 노력하고 있어요.

이 일은 오래 할수록 계속 실력이 쌓이는 거죠?

편 이 일은 오래 할수록 계속 실력이 쌓이는 거죠?

김 맞아요. 이 분야는 하이 테크놀로지라고 표현할 수 있어요. 경력이 오래될수록 그만큼 기술이 축적되고 스킬이 늘어나는 거죠. 저도 느낀 거지만 위성 1기를 개발하는 과정의 처음부터 끝까지 한 사이클은 경험을 해봐야 감이 좀 오는 것 같아요. 1기를 했다고 100퍼센트 알 수 있는 건 아니지만 그래도 위성이 어떻게 개발이 되고, 어떤 식으로 설계를 하고, 위성이 어떤 거라는 감이 오는 거죠. 그리고 2~3기 정도 해보고 나면 그때는 더 잘 알게 되고요. 하나를 해본다고 해서 전공자들도 위성에 대해 다 파악하기는 조금 어려운 것 같아요. 물론 거시적인 안목으로 보아야 시스템이 보이는데 자기 분야만 보면 그것만 아는 경우가 있어서 다양하게 질문을 해봐야 해요.

우주에서 개발 및 제작 과정

인공위성을 조립하기 위해 방향을 바꾸는 모습

인공위성에 장착한 센서들의 정렬 및 위치가 정확한지 레이저를 이용한 정렬 측정

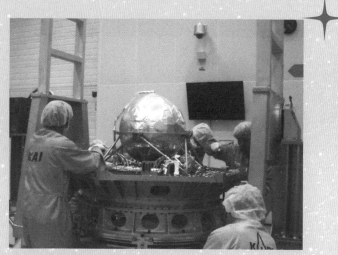

추진체 탱크를 조립한 모습, 둥그런 모양이 연료를 저장하는 탱크

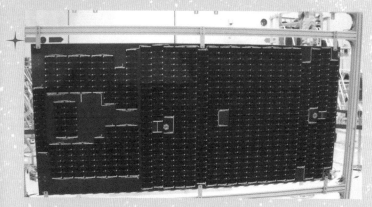

검사를 하기 위해 거치대에 장착한 태양전지판

✦ 전장품이 장착된 패널을 위성체 본체에 장착하는 모습

패널에 전기선을 장착하는 모습　　　　패널에 전장품을 장착한 모습

위성 경통을 조립하기 위한 준비

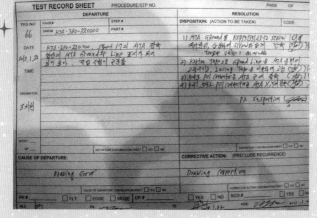

개발자들이 작성하는 시험 보고서 일부

지구에 장착하는 추진 모듈

지구에서 탈착한 추진 모듈

인증 모듈에서 탈착한 비행 모듈

지구에서 탈착한 인증 모듈

추진 모듈 위성체이동치구에 장착

추진 모듈 위성체회전치구에 장착

추진 모듈 추진고정장치 장착

인증 모듈 위성 본체 치구에 장착

인증 모듈 위성고정치구 장착

인공위성 어댑터 위성고정치구 장착

인증 모듈에서 더미 레일 제거 후 이동

인증 모듈과 추진 모듈 조립

우주의 끝과 시작

각국이 우주산업에 투자하는 이유는 뭘까요?

편 우리나라에서 항공우주산업에 엄청나게 투자를 하고 있잖아요. 전 세계적으로도 그렇고요. 왜 이렇게 변한다고 생각하세요?

김 우리는 뉴 스페이스 시대New Space Generation가 도래한 거라고 말해요. 사업이 엄청나게 많아지고 있어요. 저궤도위성이 고도가 600km에, 지구 한 바퀴를 도는데 97분 정도 걸려서 하루에 열두 바퀴를 돈다고 했잖아요. 이런 위성을 지금까지는 하나씩 쏘아 올렸어요. 그런데 문제는 이 위성이 내 머리 위 상공에 오는데 2주가 걸려요. 지상에서 위성으로 데이터를 올리고 나서, 다시 위성 안테나를 통해서 데이터를 받는 게 2주 후에나 가능하거든요. 지금까지는 위성이 이런 식으로 개발됐어요. 데이터를 빨리 받아서 북한 등의 동향을 봐야 되는데, 2주에 한 번씩 보면 안 되잖아요. 그래서 실시간 모니터링을 할 수 있는 시스템을 만들어야 한다는 화두가 던져진 거죠.

테슬라 창업자 일론 머스크가 만든 Space X가 재사용 발사체를 만들었어요. 기존의 NASA에서 하는 사업들을 민간 기업에서 진행하고 공격적인 마케팅으로 전 세계인이 관심을 가지고 있죠. 특히, 스타링크Starlink라는 계획이 있는데, 이게 전 지구 인터넷망을 구축하는 사업이에요. 위성을 2주에 60기씩 총 12,000기를 발사하겠다는 계획을 세웠어요. 이미 지금 발사하고 있고요. 기존의 상용 위성은 굉장히 큰 위성인데, 일론 머스크가 100kg 정도 되는 작은 위성을 양산하는 체제로 바꾸겠다는 거예요. 위성을 자동차처럼 자동화 생산하는 거죠. 그래야 2주마다 60기씩 발사하는 걸 맞출 수 있잖아요. 이게 우리나라의 실시간 모니터링과 딱 맞물리게 돼서 New Space Generation이 도래하게 된 거죠.

기존에는 2천억짜리 위성을 5~7년 정도 개발해서 1, 2기를 운영했었는데, 이제는 50억 짜리 위성을 1~2년 내에 개발해서 100~200기를 운영한다는 계획이죠. 이런 식으로 세상이 변하니까 우리도 이제는 실시간 모니터링 시스템을 갖춰야 하고, 더 이상 늦어지면 안 되는 거예요. 2주에 한 번이 아니라 두 시간에 한 번씩 데이터를 받는다는 미션Requirement을 정해놓고 계산해 보니 50기 정도가 필요한 거예요. 이걸 가능하게 하기 위해서 군과 민간, 정부의 돈이 엄청나게 들어가고 있어요. 이렇게 100기, 200기의 위성을 운영하는 걸 전문용어로 Constellation, 즉 군집위성이라고 해요. 지금 정부 차원에서 군집위성 사업을 몇 개 진행하고 있어요. 작년 11기 사업이 200억 원 정도의 규모였어요. 그런 과제가 진행

중에 있고요. 금년에는 1조 3천억짜리 과제를 진행한다고 발표했죠. 그리고 해양청에서도 위성을 만들고 있고 농림부, 산자부, 국토부, 환경부 등 다른 부처에서도 위성을 만들고 있어요. CAS 1호가 국토부, CAS 5호가 농림부 위성이었어요. 또 부산, 진주, 인천시 등의 지자체에서도 위성을 준비하고 있고요.

편 지자체에서 위성을 쏘는 이유가 있나요?

김 부산, 진주, 인천의 공통점은 해양이죠. 바다와 만에 선박들이 있잖아요. 선박들의 위치 정보를 확인하고 서로 알려주며 관제하는 AIS(선박 자동 식별 시스템)를 위성으로 하겠다는 거죠. 이렇듯 지자체에서 국토균형 발전을 위한 지자체만의 사업들을 수행하고 있는데 그러한 사업과 위성을 접목할 수 있는 투자가 이루어지고 있습니다. 특히 진주시는 항공우주산업을 리더 하는 시로 어느 정도 인프라를 구축하고 있어요. 우주부품시험센터, 한국항공우주산업(KAI), 대학 등이 있어서 적극 지원하고 있습니다.

많은 위성을 누가 다 개발해요?

편 이렇게 많은 위성을 누가 다 개발해요?

김 저희 같은 스타트업 회사들도 하고, 카이스트나 대기업들도 하죠. 그리고 군집위성은 스타링크처럼 양산 체제를 도입해야만 가능한 사업이니까 양산을 준비하는 거고요. 그게 신기술이에요. 저도 이쪽으로 잡아서 들어가야죠. 위성 양산 자체가 완전히 신기술이거든요. 국내에 양산을 제대로 아는 사람이 아무도 없어요. 해외에서 하고 있는 것도 다 보안이니까 알려주지 않고요. 어쨌든 미국이 양산을 한다고 지금 뭔가 하고 있는데, 우리나라는 그 정보를 얻을 수가 없는 상황이에요. 이처럼 위성을 만드는 업체는 생각보다 많이 생겼고 그 가능성을 보고 투자를 하는 회사도 많아졌어요. 그리고 여러 산업과 시너지 효과를 낼 수 있어서 타 산업군과의 퓨전을 시도하는 우주기업들도 이미 존재합니다.

우리 발사체가 왜 중요한가요?

🔲 지금 누리호가 핫이슈잖아요. 발사체를 우리 기술로 한다는 게 어떤 의미가 있는 건가요?

🔲 위성은 우주 공간에 떠 있는 작은 장비잖아요. 그걸 우주 공간에 올려놓기 위해서 발사체가 필요한 건데, 우리는 발사체가 없기 때문에 다른 나라에서 빌려서 발사를 하는 상황이에요. 대부분은 비용이 저렴한 러시아에서 많이 발사하죠. 가격적인 문제가 제일 큰 것 같아요. 아리랑위성은 러시아에서 했어요. 그다음에 정지궤도위성은 프랑스의 식민지였던 기니라는 곳이 있는데 프랑스 쪽에서 했고요. 그리고 아리랑 3호는 일본에서 했어요. 우리나라 누리호처럼 일본도 NC2라는 발사체 기술을 갖고 있어요. 그리고 미국인데, 요즘은 Space X에서 많이 하고 케네디 우주센터^{KSC, Kennedy Space Cente}에서도 발사했어요. 그다음에 발사체가 있는 나라는 인도 정도인 것 같아요. 거기에 우리나라가 포함되는 거죠.

편 우리 발사체를 통해서 위성을 쏘면 비용적으로 훨씬 절감되겠네요.

김 당연하죠. 위성을 쏠 때 발사체와 위성 사이에 공간이 남는데, 거기에 들어가는 링 모양의 부품이 있어요. 위성과 엔진 사이에서 차폐, 열, 진동에 대한 기능을 하는 건데, 그 링 옆에 초소형 위성을 붙여서 쏠 수 있어요. 그래서 우리 기술로 발사체를 제작한다는 건 일종의 기술적인 자주 독립이에요. 다른 나라의 발사체를 빌릴 때는 우리가 쏘고 싶을 때 쏠 수 없어요. 그 나라에서 허락을 해줘야 돼요. 그래서 아리랑 5호 때는 다 만들어놓고 1~2년을 기다렸어요. 그렇게 세워놓으면 문제가 또 생기거든요. 그런 어려움이 있었죠.

편 발사체가 거의 완성되고 있는 거죠?

김 네. 2022년 5월 발사를 목표로 지금 항공우주연구원 발사체 팀에서 진행하고 있어요. 성공할 거예요.

지금 항공우주 기술이 어느 정도까지 발전했나요?

🖊 외국은 지금 항공우주 기술이 어느 정도까지 발전했나요?

🖊 앞에서 말씀드린 것처럼 지금 대규모 양산이 되고 있는 것 같아요. 기술에 대한 건 공개가 안 돼서 아무도 모르지만, 현재로서는 최고의 기술인 것 같아요. 우주는 영토 개념이 아니라서 궤도에 위성을 먼저 올리는 사람이 주인이에요. 그러니까 빨리 올려야 하고, 그렇게 하려면 많은 위성들이 필요하니까 양산을 해야 하는 상황인 거죠. 위성을 양산으로 생산하는 게 과연 가능한지에 대해서 회의적인 사람도 있어요. 그래도 어찌 됐건 Space X가 지금 양산하고 있고, 쏘아 올려서 테스트 중이고, 결국엔 전 지구 인터넷망을 구축하고 있는 거죠.

🖊 위성으로 하는 인터넷이 왜 중요한가요?

🖊 지구에서 인터넷을 못하는 인구가 의외로 많아요. 인프라의 문제죠. 우리나라는 인터넷이 너무 잘되는 나라지만 해외에 나가면 인터넷이 잘 안되잖아요. 국토가 넓어서 기지국이 없는 경우도 있고, 사막 같은 곳은 기지국 설치가 불가능하고요. 그래도 사람이

사막에 갔을 때는 인터넷을 해야 안전하죠. 그럴 때 우주 공간에서 인터넷을 제공해 주는 거죠. 환경에 대한 제약 조건을 없애는 거예요. 지금 사용하는 인터넷은 다 기지국을 통하지만 앞으로는 다 우주를 통한 인터넷으로 바뀔 거라는 거죠. 극히 일부는 해양에 배를 타고 떠 있잖아요. 해양은 기지국이 없으니까 교신을 할 수가 없어요. 이미 태평양 한가운데에서 위성과 교신해서 데이터를 받는 상황이에요.

위성으로 전 지구 인터넷망이 구축되면
세상은 어떻게 바뀔까요?

📝 위성으로 전 지구 인터넷망이 구축되면 세상은 어떻게 바뀔까요?

🔲 인터넷망이 지금 5G까지는 갔잖아요. 6G는 위성으로 서비스를 하자는 거예요. 그러면 지상에 있는 기지국이 다 없어져요. 미관상으로도 좋을 것이고, 케이블도 다 없어지는 거고요. 통신 속도도 훨씬 빨라지겠죠. 물리적인 방해도 없을 거예요. 자연재해나 전쟁 등의 이슈로 기지국이 쓰러지면 핸드폰도 못 쓰고 통신이 안 되는 상황이잖아요. 만약에 전쟁이 나면 통신 공격을 먼저 할 것이고, 그렇지 않더라도 기지국이 있는 빌딩이 넘어가면 그 지역에서는 통신이 안 되는 상황이 될 수밖에 없어요. 그런데 기지국이 우주 공간에 있으면 공격을 할 수가 없잖아요. 제일 안전한 통신망이죠.

그리고 또 한 가지! KPS라고 굉장히 큰 사업이 있어요. Korean Positioning System이라고 하는데, 우리나라만의 GPS 사업이에요. 이것도 각국의 이권 때문인데, 정지궤도위성은 고도가 36,000km라고 했잖아요. GPS 위성은 고도가 20,000km 정도에 있어요. 이 GPS 위성은 처음에 NASA에서 만들었고, 군과 연결되어 있어요. GPS 코드는 숫자로 된 데이터예요. 두 개의 데이터로 나오는데 그중에 하나는 군에서 쓰고 하나는 90년대에 상용화해서 오픈해 줬거든요. 오픈된 데이터는 오차가 10m 정도 되고, 군에서 쓰는 데이터는 오차가 1m 정도 될 거예요. 그런데 만약에 이 데이터를 바꾸거나 주파수를 바꾸면 어떻게 될까요? 아무도 못 쓰겠죠? 지금은 무기들이 다 GPS 기반으로 움직이거든요. 미사일도 위치 코드를 넣어주면 알아서 가고, 비행기도 GPS로 움직이고 있어요. 그런데 미국이 어느 순간 GPS 위성의 코드나 주파수를 바꿔버리면 모든 장비나 무기들을 다 못쓰게 되는 거예요. 그래서 2000년대 들어오면서 자기 나라 위성을 만들어야 된다는 게 화두가 되었어요.

그래서 러시아는 글로나스GLONASS, Global Navigation Satellite System가 있고, 유럽은 갈릴레오, 일본, 중국도 다 자체 GPS 위성이 있어요. 그리고 우리는 KPS라고 해서 지금 만들고 있죠. 2022년 3월에 사업이 나와요. 4조 5천억 원 규모의 사업이에요. 위성 8기를 만드는 거예요. 2035년까지 여덟 개를 만들어서 상용화하는 거죠. 이것도 대통령이 한미 회담에서 얻어낸 성과죠. 홍보가 잘 안 돼서 국민들은 잘 모르더라고요. 이 GPS 위성을 우리나라도 만들어서 독립적으로 사용하기 위해 2022년부터 사업을 시작해요. 그래서 지금

	전지구 위성항법시스템 (GNSS*)				지역 위성항법시스템 (RNSS**)	
국가						
위성 <설계/운영(발사)>	GPS 24/30(32)	GLONASS 24/24(25)	Galileo 30/11(22)	BeiDou 35/15(27)	IRNSS 7/7(7)	QZSS 7/2(4)
구축연도	'95	'96	'20(예정)	'20(예정)	'16(발사완료)	'23(예정)

해외 위성항법 시스템 구축 현황

출처: 과학기술정통부

여러 기업들이 눈독 들이고 있어요. 우리나라도 이런 KPS 사업이나 앞에 말했던 군집위성 사업을 하면서 큰 틀 안에서 움직이고 있어요.

기술의 발달이나 변화에 따른 부작용은 없을까요?

편. 기술의 발달이나 변화에 따른 부작용은 없을까요?

김. 매스컴에 나온 적이 있는데, 천문 쪽에서 이슈가 있어요. 위성이 빽빽이 있으니까 별을 봐야 되는데 문제가 되는 거죠. 그래서 스타링크 사업이 천문학자들한테 많이 공격당했어요. 그리고 어찌 됐건 수명을 다하면 쓰레기가 되는데 어떻게 해결해 나갈 건지에 대한 숙제가 있죠.

편. 5G나 6G의 전자파가 인체에는 무해한가요?

김. 파워가 약해서 그다지 문제 되지 않습니다. 인체에 유해한 기준이 100이라면 이 신호는 1 정도밖에 안 들어오니까요. 굉장히 미약한 신호를 받아서 그걸 전기적으로 증폭한 다음에 해독을 하거나 데이터를 받는 거예요. 그러니 위성에서 내려오는 데이터에 대한 위험성은 없습니다. 먼 거리에서 오는 신호이기 때문에 무해합니다.

편 인공위성이 악용된 사례는 없나요?

김 앞에서 얘기했던 ASAT를 트럼프 정부 때 승인을 해서 지금 테스트하고 있고, 중국도 지금 하려고 빠르게 움직이고 있어요. 미국은 군산복합체기업이 많잖아요. 록히드 마틴Lockheed Martin Corporation 같은 회사가 대표적이죠. 그런 굴지의 기업들이 돈을 위해서 이런 사업을 제안하거나 로비하는 거죠. 그래서 오히려 악용되고 있는 경우도 있습니다. 우주법에 '우주는 인류의 평화를 위해 사용하는 모두의 공간이다.'라는 법칙을 무시하고 진행하니 너도나도 뒤처질세라 다 진행해버리게 되잖아요. 인공위성이 무기로 사용되는 것은 정말 잘못된 상황이라고 생각합니다.

우주와 지구, 사람은 서로 어떤 관계인가요?

편 우주와 지구, 사람은 서로 어떤 관계라고 생각하세요?

김 상호보완 관계라고 생각합니다. 우리가 인공위성을 올려서 지구 관측, 우주 관측 등을 하지만 결국은 보호하는 일이라고 생각해요. 특히 지구는 인류의 난개발 및 환경오염으로 많은 변화가 생겼어요. 지구의 온도가 3도 상승하면 지구는 걷잡을 수 없는 속도로 변화한다고 해요. 주변을 보세요. 몇 년 전만 해도 눈이 많이 오고 사계절이 뚜렷한 우리나라였는데 기후 위기가 피부에 닿고 있잖아요. 지구를 치료해야 합니다. 인류가 지구를 망치는 원인으로만 머물러서는 안돼요. 우주도 마찬가지예요. 우주 쓰레기가 너무 많이 쌓여서 인공위성을 쏘아 올릴 수 있는 공간이 없어져서는 안 되겠죠. 거기에다가 인간의 욕망으로 공격형 인공위성이 만들어지면 비극이죠. 결국 중요한 건 마음이라고 생각해요. 사람이 지구와 우주를 사랑하고 보호한다면 좋은 영향 또한 전부 사람이 받게 된다고 생각해요.

계획은 어떻게 되나요?

편 앞으로 인공위성개발자 김명길 대표님 자신과 회사의 계획은 어떻게 되나요?

김 저는 목표를 정해 놓았어요. 초소형위성사업을 하고 더 나아가서 소형 위성까지는 제작하고 싶어요. 거기까지는 가보고 싶은데 기회가 있을지 없을지는 좀 더 지켜봐야 되겠죠. 산업의 환경이 급변하고 있어요. 기존에는 위성을 한두 개 만들었는데, 앞으로는 수십 개 수백 개를 양산하려고 해요. 마치 자동차를 시간당 몇 대씩 찍어내는 것처럼 말이죠. 컨베이어 벨트가 있고 부품이 전부 준비되어 있어야 지나가면서 장착하는 양산이 가능해요. 이미 선진국에서는 진행하고 있는 상황입니다.

우주 인터넷망을 구축하고 싶어요. 인터넷망이 없는 나라가 정말 많아요. 그런 나라는 기지국을 세워 유지하는 것도 정말 힘든 일입니다. 사막, 태평양 등 인터넷이 안 되는 곳은 생각보다 많아요. 그런 곳에 우주 인터넷을 지원해 준다면 모든 것이 해결되는 상황입니다. 선진국에서도 그러한 사업들을 진행하고 있기는 하지만 기술적인 문제가 있어서 아직 개발과정에 있는 상황입니다. 저도 그런 꿈을 갖고 있어요.

정부 사업 중에 전기추력기가 있는데 이 녀석도 성공적으로 개발을 해서 제품화하고 싶어요. 해외에도 거의 없는 방식의 추력기이고, 우리 회사가 지향하는 초소형 위성에 적합한 추진 시스템이기 때문에 반드시 제품화하여 해외 시장에 진출해 보고 싶습니다. 해외 제품에 밀리지 않는 제품으로 진검승부를 겨뤄보려고요.

우리나라는 현재 항공우주 사업에 정부 투자와 민간 투자를 적극적으로 유치하고 있습니다. 뉴 스페이스 시대라는 화두로 전 세계가 앞다투어 사업 계획을 발표하고, 많은 재원을 유입시키기 때문에 우리나라도 앞으로 끊임없이 위성을 만들어가야 할 상황이 되었어요. 그 속에서 어떤 아이템을 잡고, 나아가야 할지 계속 고민하고 있습니다. 태풍이 불면 담을 쌓을 게 아니라 풍차를 달아야겠죠. 새로운 희망은 거기에서부터 시작된다고 생각합니다.

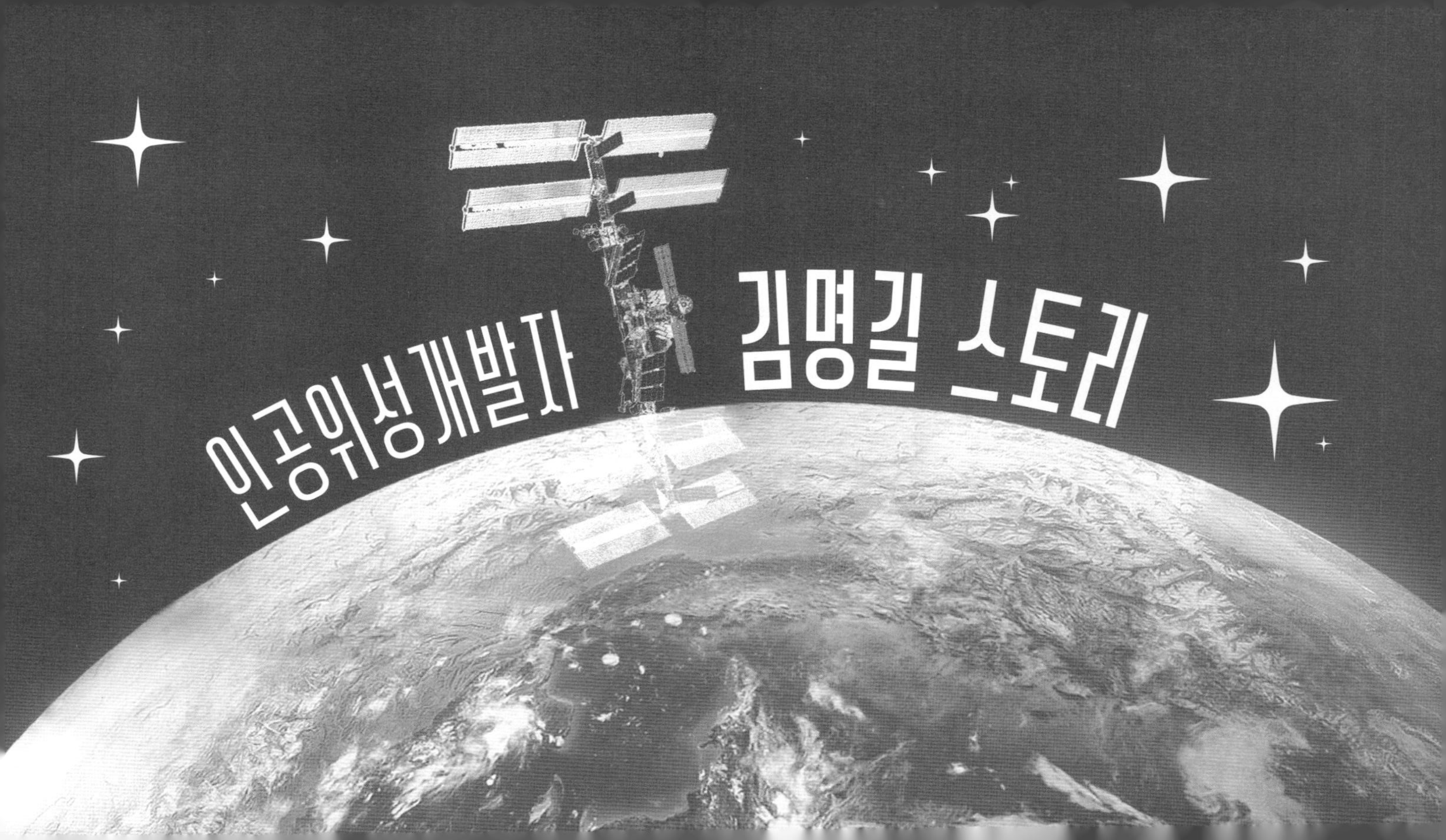
인공위성개발자 김명길 스토리

🖼 우주와 지구에 대해 언제 관심을 갖게 되었나요?

🖼 대학교에 입학하고 위성에 대해 눈을 떴어요. 운명적인 순간을 생각해 본다면, 제가 초등학교 6학년 때 직접 눈으로 핼리혜성을 봤거든요. 새벽에 집 밖에 있는 화장실에 다녀오는데, 달 옆에 뭐가 있는 거예요. 당시 뉴스에 나왔을 거예요. 눈으로 볼 수 있을 정도로 가까이 왔고 크고 밝았거든요. 핼리혜성은 꼬리가 있어요. 우리가 흔히 얘기하는 별똥별은 떨어지면서 대기권으로 들어오기 때문에 일정 길이의 꼬리가 생기거든요. 대기권이 한 80km 정도 돼요. 대부분 들어오면서 대기권에서 다 타버리죠. 그리고 지구에서 보이는 건 그래도 별의 크기가 큰 거라서 남은 게 그 정도 사이즈로 보이는 거예요. 그런데 핼리혜성은 핵이 있고, 우주 먼지나 다른 것들이 혜성의 중력에 끌려서 꼬리가 길게 생기는 거잖아요. 그러니까 별똥별(유성)과는 확실히 다른 모양이었어요. 우주에 대한 꿈은 그때부터 갖게 된 것 같아요. 그리고 저는 공학도였으니까 막연하게 뭔가 설계하고 개발하는 건 기본적으로 좋아했는데, 인공위성을 하겠다는 생각은 군대에서 했어요. 전역 후 더 구체적으로 계획을 세웠어요. 그리고 꾸준히 갈망하면서 묵묵히 걸어온 것 같습니다. 특히 관련 책들은 도서관, 서점 등에서 신간이 나오면 지금까지도 일부러 찾아보고 있어요. 예전에는 관련 책을 보기가 힘들

었는데 요즘은 쉽게 접할 수 있어서 여러분도 관심만 가진다면 쉽게 찾아볼 수 있을 거예요.

편 인공위성개발자가 되겠다고 정한 이유를 들려주세요.

김 배운 게 인공위성이다 보니 그 방향으로 온 것 같아요. '인생은 선택의 연속'이라고 하잖아요. 저도 만약 선택의 순간에 방향을 바꾸었으면 지금 이렇게 인공위성 개발을 할 수 없었겠죠. 저도 사회 초년생 때에는 취직이라는 문턱에서 다른 곳을 지원했었죠. 프로그램 회사였던 것 같은데 인연이 안 돼서 최종 경영자 면담에서 떨어졌지만 지금 생각해 보면 그게 다행인 것 같아요. 그 회사에 합격했다면 저는 지금 무엇을 하고 있을까요? 꿈을 지킨다는 것은 쉬우면서도 어려운 일인 것 같습니다. 여러분들은 인터넷 정보화 시대에 살고 있으니 양질의 정보를 습득하기가 쉬워요. 키워드 하나만 넣고 엔터를 치면 이미지에서부터 기술 문서들이 올라오죠. 마음먹고 하나하나 찾아가면서 익히는 게 진정한 공부라고 생각합니다.

편 이 자리에 오기까지 누구의 영향을 받았나요?

김 누구의 영향을 받지는 않았어요. 제가 인공위성을 늦게 접했고 제 확신 하나로 여기까지 온 것 같습니다. 그렇지만 이런 성격은 아버지를 닮은 것 같아요. "한 우물만 파라"는 말씀을 어렸을 때부터 듣고 자랐어요. 본인도 평생을 그렇게 사셨고요.

편 학창 시절에는 어떤 학생이었나요? 뭘 좋아하고 싫어했죠?

김 정명론이라는 것이 있어요. ~다운 생각과 행동을 해야 한다. 즉 학생 시절에는 학생다움이 중요한 것이고, 학생다움이라는 것은 학업에 열중하는 일이겠죠. 머리는 좋지 않았지만 노력은 기똥차게 한 것 같아요. 지금도 동기생들을 만나면 그런 이야길 듣고 있어요. 정말 열심히 했어요. 머리가 나쁘니까 다른 친구들은 한 번에 하는 것을 열 번을 봐야 이해를 했다고나 할까요? 공부는 풀리는 재미가 있어요. 그래서 수학이나 과학의 답을 찾아가는 과정이 재미있었어요. 청소년 여러분도 그런 기분을 느낄 수 있는 문제들을 찾아서 풀어보시기 바랍니다. 자신의 실력보다 약간 높은 블랙 레벨을 찾아서 풀어보고 그 기쁨을 느낀다면 분명히 근성은 있는 거예요. 계속 반복해서 말씀드리는 건 다양한 과목에 재미를 붙여서 생각의 너비와 깊이를 확장시키면 좋겠어요.

편 청소년 시절에 생각한 우주와 지금 인공위성개발자가 되어 바라보는 우주는 많이 다른가요?

김 고대 암각화를 보면 그 시절 원시인들이 우주를 보면서 별자리를 그려놓았어요. 상상을 그렸기 때문에 창의적이에요. 오히려 전부 알고 보면 상상력은 좁아지는 것 같아요. 저는 지금 우주를 보면 달만 보여요. 조만간 우리나라에서 달 탐사선을 쏘아 올리니까요. 2022년 1월 기준으로 제작이 거의 완료되었으니 조만간 발사를 하겠죠. 청소년 시절의 우주는 오히려 백지상태의 우주여서 다양한 생각과 엉뚱한 상상을 했어요. 지금은 그런 생각보다 우주관광 상품, 달 우주기지화, 화성 여행 등을 생각하는 것 같아요.

편 대학교와 대학원에서 어떤 공부를 했는지 들려주세요.

김 항공우주학과에 들어가면 공기역학, 비행역학, 기계구조, 추진역학 등을 배워요. 대기권 내에서 비행기가 날기 위해서는 공기의 저항을 효과적으로 다루는 법을 배우는 거죠. 비행기 날개가 양력, 항력으로 뜨는 건데 그건 공기의 흐름에 의한 자연현상이거든요. 공기의 속도가 빠르면 압력이 낮아지고, 압력은 높은 곳에서 낮은 곳으로 힘이 발생하여 결국 무거운 비행기가 뜨는 거예요. 이러한 원리를 이용해서 어떻게 하면 효과적으로 에너지를 최소화하여 경제적, 공학적 이득을 얻을 수 있을까? 이런 것을 배우는 것이 항공우주학과입니다. 물론 우주 쪽 학과 수업도 있겠지만 그것을 다 설명하면 책을 따로 써야 할 정도입니다. 그리고 대학원에서는 보다 더 심도 있는 공부를 하죠. 일례로 수치해석이라는 것이 있는데 수학적 모델을 바탕으로 자연현상을 시뮬레이션 해보는 거예요. 그렇게 하면 만들지 않아도 미리 알 수 있기 때문에 경제적인 효과가 크고 개발 시간도 절약할 수 있죠. 이런 일들을 좀 더 세밀하게 공부할 수 있어요. 그리고 인공위성 관련해서 현재 정부에서는 초소형인공위성 제작 프로젝트에 참여하는 대학교를 지원하고 있어요. 학교가 선정이 되어야 하지만 그러한 기회를 얻으면 보다 빨리 인공위성 개발을 해 볼 수 있죠. 머릿속에 두리뭉실하게 있는 것보다 실물을 한번 보는 게 더 효과적일 것입니다.

📧 인공위성개발자 김명길이 제일 존경하고 사랑하는 사람은 누군가요?

🔲 지금까지 저를 전폭적으로 지원해 주시고 기다려주신 부모님이죠. 그리고 사랑하는 가족들이요. 많이 놀아주지도 못하고 이런 재미난 이야기도 많이 해주지 못했는데, 이미 어른이 된 첫째 딸아이와 막내아들에게 아빠가 정말 사랑한다고 말하고 싶어요. 업계

에서 존경하는 분은 황보한 지도 교수님이에요. 보고 싶고 존경한다고 말씀드리고 싶어요. 우리나라 항공우주 인공위성 1세대라고 해도 과언이 아니에요. 그분들의 노고와 노력이 없었으면 지금 우리나라는 우주에 대한 꿈을 꾸지도 못했을 겁니다. 이런 시설과 인프라를 갖추기 위해서 정부에 제안도 많이 하셨고, 방향을 제시해 주셔서 우리나라가 인공위성을 운영하는 나라가 된 거예요. 앞으로는 우리 힘으로 발사를 할 수 있는 스페이스 클럽에도 가입할 수 있는 기회가 왔고요. 그리고 연구자들 모두 존경합니다. 업계에서 연구하시는 분들도 마찬가지고요. 이런 분들이 없었다면 이 작은 나라에서 우주산업을 할 수 없었을 겁니다.

편 대표님은 우주와 지구의 어떤 면을 사랑하나요?

김 저는 천문학을 공부한 사람은 아니지만 집에 큰 망원경이 두 개나 있습니다. 가끔 애들과 별을 보기도 해요. 그런데 망원경을 보면 빛나는 하나의 별 옆에 얼마나 많은 별이 있는지 아세요? 그 작은 경통 속에 정말 셀 수 없이 많은 별이 있어요. 그 말은 우주에 끝이 없다는 거겠죠. 허블우주망원경도 제임스 웹 우주망원경도 아무리 좋은 망원경도 우주의 끝은 볼 수 없어요. 이렇게 광활한 우주에 뭐가 있을까요. 우리와 같은 지구는 아직까지 발견되지 않았지만 이 우주는 행성이 조금 차지하고 암흑 에너지와 암흑 물질이 거의 대부분을 차지하고 있다고 해요. 하지만 이런 것에 대한 인간의 지식은 아직 부족한 상태예요. 최근에야 암흑 물질의 존재를 알았으니까요. 그만큼 우주는 우리 인간이 미처 다 생각할 수 없는 공간인 것 같습니다. 미지의 세계가 우리 머리 위에 있고, 만약 생명체가 있다면 그들도 우리와 같은 생각을 하고 있지 않을까요? 이런 우주에 대한 미지의 힘이 저의 지적 호기심을 자극하고 있어요. 물론 우리가 살고 있는 지구라는 행성도 신비 투성이죠. 창조론도 있지만 지구의 생성 과정도 그렇고 생명체의 신비를 품고 있는 이 파란 지구의 모습을 보면 참 신기해요. 지구 대기권에 비치는 둥그런 모습을 맨눈으로 볼 수 있는 시대가 오고 있지만 저도 정말 우주에서 바라보는 지구의 아름다움을 꼭 한 번 만끽해 보고 싶습니다.

이 책을 마치며

편 긴 시간 동안 함께 달려왔습니다. 인터뷰를 마친 소감이 어떠세요?

김 논문 빼고는 처음 책을 써보는 거라 좀 어색했어요. 최대한 쉽게 풀어보려고 했는데 이해가 되었는지 모르겠어요. 직업에 대한 인터뷰를 한다는 게 정말 쉬운 일은 아니네요. 기억이 정확하지 않으니 숫자나 날짜에 오류가 있을까 봐 걱정됩니다. 이 책을 읽는 여러분께서 찾아내고 저에게 가르쳐 주시면 감사하겠습니다. 편집장님도 이렇게 생소한 이야기를 들어주셔서 감사드립니다. 한편으로는 이렇게 제게 질문을 던질 수 있다는 건 어느 정도는 이해가 되신 게 아닐까라는 생각도 들었습니다.^^

편 맞습니다. 저는 대표님과 대화를 나누면서 인공위성이 가깝게 느껴졌어요. 인공위성을 만드는 사람들이 특별한 과학자가 아니라 우리 주위에서 만날 수 있는 별을 사랑하는 사람, 우주를 사랑하는 사람이라는 생각을 했습니다.

김 그럼요. 그냥 일반인들이에요. 조금 더 관심이 있어서 이 직업을 선택한 거죠. 연구하는 것뿐입니다. 사람 위에 사람 없다고 하잖아요. 대통령도 그냥 국민의 한 사람인걸요. 이렇게 우리 주변에는 소리 없이 묵묵히 자기 일을 하면서 지내는 분들이 정말 많아요. 그런 분들이 사회의 구성원으로서 자기 역할에 충실하니까 우리 사회가 건강하게 유지될 수 있는 거라고 생각합니다. 마치 오케스트라의 하모니처럼 자기 색깔을 내면서 동시에 조화를 이루면 아름다운 교향곡이 되는 거죠.

편 대표님은 인공위성을 정말 사랑하는 분인 거 같아요. 자신이 좋아하는 일을 하면서 살아간다는 건 어떤 의미가 있나요?

김 직업에는 귀천이 없다고 하잖아요. 직업은 일을 해서 돈을 버는 수단이긴 하지만 그것이 내가 가고 싶은 인생의 길과 일치한다면 금상첨화겠죠. 한편으론 인공위성을 연구 개발하시는 분들 중에도 '내 길이 아니야.'라고 생각하고 다른 일을 선택하는 분도 있을 겁니다. 이렇게 자기가 어떤 걸 좋아하는지 정확하게 알고 내가 하는 일에 만족하면서 사는 삶이 중요하다고 생각해요. 그것을 오유지족吾唯知足이라고 합니다. 그리고 인생은 선택의 연속입니다. 저도 여기까지 오면서 여러 갈림길이 있었어요. '과연 어떤 게 옳은가? 내가 진짜 원하는 바는 무엇일까?' 이런 정의가 정말 명확해야 해요. 그렇지 않으면 인생이란 허울 속에서 끌려만 가겠죠. 그래서 연구원에서 나와 이렇게 사업을 시작한 건지도 모릅니다. 후회하지도 않을 거고, 뒤를 보지도 않을 겁니다. 앞만 보면서 한발 한발 걸어가 보려고요. 저 달 뒤편에 무엇이 있는지 정말 궁금해요.

편 청소년들이 이 책을 보고 어떤 걸 생각하고 느끼길 바라시나요?

김 인공위성에 대해 10프로만 알아도 성공이죠. 그보다 중요한 것은 "자신의 꿈을 키우고 지키고 이루어라!"라고 말씀드리고 싶어요. 저는 인공위성에 대해 어른이 되고 나서 알았어요. 이 책을 읽는 청소년들은 대한민국이 쏘아 올리는 발사를 생중계로 보면서 자라는 분들이잖아요. 저와는 다른 큰 꿈을 꿀 수 있어요. 자신이 만든 발사체를 화성이나 달 아니면 다른 행성에 보내고 싶다는 꿈이 생긴 학생들도 많을 거예요. 우주발사체에 관심을 갖게 된 친구들도 있을 거고요. 청소년들이 이 책을 보고 직업도 좋지만 꿈을 키우고 더 나은 삶을 살아갈 수 있는 기초를 다지기 바랍니다. 돈은 있다가도 없고, 없다가도 있을 수 있지만 시간은 흘러가면 다시 오지 않아요. 지금 이 순간 현재의 위치에서 최선을 다해 몰두하면 무엇을 못하겠어요. 앞서 말한 '10만 시간의 법칙' 기억하세요. 지금부터 관심을 가지고 매일 하다 보면 여러분은 사람들에게서 전문가라는 얘기를 듣게 될 것입니다.

🖉 인공위성의 발전을 통해 우리나라도 우주 강국 대열에 들어가고, 우주와 지구에 대한 사람들의 인식도 많이 바뀌면 좋겠습니다.

🖉 그렇게 되기를 바랍니다. 우리나라도 우주 이벤트를 많이 계획하고 있으니 관심을 갖고 지켜보세요. 우리나라도 우주 강국이 되기 위해 2022년 발사체를 확보하느냐 마느냐의 기로에 서 있습니다. 우주 탐사선을 보내고, 독자적인 위성항법 시스템인 KPS 사업도 금년부터 시작됩니다. 이렇듯 우주산업에 대한 정부의 의지와 국민의 관심이 지속되길 희망하며 청소년 여러분들의 우주에 대한 꿈을 응원합니다.

🖉 『우주궤도를 선점하는 글로벌 리더 인공위성개발자』 편을 마칩니다. 우주에서 바라보는 지구, 지구에서 바라보는 우리들을 상상하면 모든 게 소중하게 느껴집니다. 우주적인 시야로 지구를 소중히 여기고, 지구에 사는 사람들이 생명에 대한 사랑과 존중을 지니기를 바랍니다. 이 책을 읽는 여러분 중에서 인공위성개발자가 나오겠죠? 하늘의 별들을 보며, 우리 청소년들이 쏘아 올릴 인공위

성을 상상해 볼게요. 시간이 흘러 제가 할머니가 되었을 때에도 여러분이 이미 쏘아 올린 인공위성을 바라보며 감동하겠습니다. 우리나라를 우주 강국으로 이끌어갈 여러분의 미래를 잡프러포즈가 응원합니다. 여러분이 처한 입장과 환경의 차이를 넘어 이 세상의 모든 직업이 여러분을 향해 문을 활짝 열 수 있게 잡프러포즈는 오늘도 달려갑니다. 감사합니다.

우주정거장에서 계속 보기

청소년들에게 내주는 숙제

초소형 위성이 무엇인지 인터넷에서 찾아보세요. **1**

관심을 가지고 구체적인 꿈을 적어보세요. 2

3

항공우주연구원, 각 대학 등에서 실시하는
캔위성 프로그램에 대해 찾아보고 직접 참여해 보세요.

인공위성 데이터를 잡을 수 있는 교신 시도해 보기　4

SDR, Orbitron, WXtoimg 등을 알아보고
실제 인공위성 데이터를 수신하여 본인의 컴퓨터로
이미지를 다운로드해 보세요.
(미국의 NOAA-18 기상위성 데이터 수신)

청소년들의 진로와 직업 탐색을 위한
잡프러포즈 시리즈 49

우주궤도를 선점하는 글로벌 리더
인공위성개발자

2022년 3월 18일 | 초판 1쇄
2023년 6월 5일 | 초판 2쇄

지은이 | 김명길
펴낸이 | 유윤선
펴낸곳 | 토크쇼

편집인 | 김수진
교정 교열 | 박지영
표지디자인 | 이민정
본문디자인 | 김연희
마케팅 | 김민영

출판등록 2016년 7월 21일 제2019-000113호
주소 | 서울시 서초구 나루터로 69, 107호
전화 | 070-4200-0327
팩스 | 070-7966-9327
전자우편 | myys327@gmail.com
ISBN | 979-11-91299-54-0 (43190)
정가 | 15,000원